Ende.

Als ich in Italien auf den Berg ging, wusste ich, dass ich zu sterben beginne. Meine wahre Geburt stand mir noch bevor. Ich weiß nicht mehr, wie der Berg hieß, weil wenn man stirbt, kümmert man sich nicht um Namen. Der Tod selber weiß auch nicht, wie die Blumen heißen, die ihn begleiten. Der Tod ist einfach nur. Eine Geburt im Leben hatte ich zu diesem Zeitpunkt ja schon gut hinter mich gebracht. Damals war ich zu zweit mit meiner Mutter. Bei meiner nächsten Geburt allerdings werde ich alleine sein. Nur ich selber, mit oder ohne. Es wird eine wortlose Geburt sein.

Als ich ein Kind war, hatte die Welt noch keinen Namen. Es war alles eine große in sich verschmolzene Wuchtel von diversen Ansammlungen. Alles hatte verschiedene Farben und Formen. Ich wusste nicht, ob man die roten Fruchtkugeln am Obstbaum Kirschen oder Ziegenkäse nennt. Alles war ein Schleier der um sich greifenden Wirklichkeit in Permanenz. Ob nur der Himmel blau ist oder ob auch die Geräusche Farben haben, wusste ich damals noch nicht. Alles war sehr zirka und ziemlich. Nichts in der Welt war mir peinlich und Sorgen kannte ich nur jetzt. Sorgen, die später kamen, berührten nicht meinen reinen Geist. Die mich umgebende Masse war gleichzeitig Apfel, Himmel und Bauchspeicheldrüse der Nachbarin. Die Augen waren bloß Fenster zum Hinausschauen ohne etwas. Heiß war heiß und kalt war kalt. So oder so. Plötzlich vernahm ich ein Hupen. Es war der Bäcker. Einmal hat sogar der Blitz eingeschlagen.

Nun gut - was gab es zu erreichen? Und hier stellt sich gleich mal eine der wichtigsten Fragen: Was kann man auf dieser Welt erreichen? Warum muss man als Mensch immer etwas erreichen und als Baum nicht? Hier die Frage:

Was war davor? Viele Jahre später war ich oft im Fernsehen. Dann haben alle Menschen gesagt: „Alf, jetzt bist du jemand“. Wer war ich vorher? Was hat jemand erreicht, der nirgends hingegangen ist, weil er immer schon wo war? Wo ist also wo und wann ist wann? Damals als Kind hatte wie gesagt nichts einen Namen. Plötzlich - und ich hätte es beinahe übersehen - wusste ich, was wirklicher Schnittlauch ist, was Tulpen sind und Tische und Bänke und elektrische Zahnbürsten mit oder ohne Akku. Die Einheit, in der ich gerade noch verweilte, war gespalten worden in Millionen von Tausenden von Milliarden von Teilen. Die Welt wurde zum Puzzle. Wie sollte ich da jemals wieder alle Teile auf den richtigen Platz kriegen? Plötzlich war ich nicht mehr die Welt. Es gab von nun an die Welt und mich. Schade. Die Welt war groß, mächtig und stark. Ich war nur ein winziger extrig kleiner Teil. So kam es zum Weltkrieg. Die Welt gegen mich. Ich gegen die Welt. Nun musste ich Dürfen lernen und Wollen sollen. Dürfen lernen ist eines der schwierigsten Dinge im Universum überhaupt. Und nun erst nach vielen, vielen Jahren des Herumreisens als Nullphilosoph erkenne ich die großen Worte: Niemand muss irgendetwas! Jeder Mensch kann sich einen Pfeilbogen kaufen und übermorgen so viele Pfitzschipfeile abschießen, wie er Lust hat. Die irdischen Konsequenzen sind eine andere Stellvertretung. Möglich ist immer mehr, als das Gesetz erlaubt. Das Universum ist politisch nicht korrekt! Kometen landen, wo immer sie wollen. Das Erdbeben fragt nicht nach der Adresse. Blitze zucken aus, wo sie wollen. Dann kam der nächste Schritt: Die Wahrheit wurde erfunden, um die Menschen offiziell belügen zu können. Dazu kamen die Priester, die die Sünde erfanden, und der Krieg, der den Frieden dazu erfand. Dazu hatte die Menschheit Millionen von Jahren Zeit. Ich musste all dies in wenigen Jahren der

Kindheit erlernen. Noch dazu war ich ja noch gar nicht stubenrein und fand das Katzenkisterl nicht von selber. Mein Klo war die Hose selbst.

Wie gesagt, plötzlich hatte alles um mich herum einen Namen. Und auch ich hatte einen bekommen: „Alfred". Als Alfred war das Leben schwieriger als zuvor, wo ich ein „Niemand" war. Deshalb ist es mein großes Lebensziel, wieder einmal ein „Niemand" sein zu können. Und deshalb verstand ich auch eine Freundin von mir, als sie mich einmal anrief und weinte, weil sie kein Käfer sein kann. Wenn man weint, ist es manchmal gut. Wenn man weint, weil man die Matura nicht geschafft hat, dann ist das nicht so gut. Wenn man aber weint, weil man kein Käfer sein kann, dann finde ich das sehr toll. Die Matura kann man ja zumindest nachmachen, aber bis man wirklich ein Käfer sein kann, muss man sehr lange meditieren. Aber auch dann gibt es keine Garantie dafür. Wenn das Universum nicht will, dass man jemals ein Käfer wird, dann ist die Lage beinahe aussichtslos.

Aber die Lage ist so und so aussichtslos, wenn man einmal mit dem Denken begonnen hat. Aber die Kinder müssen alle denken lernen, denn ohne Denken kann man auf der Welt ja keine Probleme haben. Wenn man Probleme haben will, dann soll man gefälligst auch an sie denken. Wenn man schläft, dann hat man keine Probleme, weil da denkt man ja auch nicht. Deshalb muss man immer früh aufstehen, wenn man Probleme braucht. Ich schreibe jetzt einen sehr wichtigen Satz: Denken, warum machst du aus der Welt zwei Teile? Ich und Du. Hier und dort. Gut und Nicht-Gut oder Böse. Wenn man nicht denkt, braucht man zum Beispiel auch nicht weinen, weil man kein Käfer sein kann. Also haben die Lügner die

Wahrheit erfunden. Es ist dieselbe Wahrheit, die man als Kind eifrig lernen muss. Wenn man dann aus dem Kindheitsbewusstsein draußen ist, kommt man in das soziale Bewusstsein. Dort ist man dann so wie alle. Das ist für die anderen praktisch und für einen selber meistens auch, außer man will zum Beispiel ein Käfer sein. Oder man will wissen, wozu man auf der Welt ist. Aber noch ist es lange nicht so weit, das zu wissen, weil ich noch in die Schule gehe. Dort weine ich jeden Tag, weil ich zurück nach Hause möchte zu meiner Mutti. Aber das darf ich nicht und verlerne das Dürfen wieder. Jetzt lerne ich das Müssen so richtig kennen. Was muss man nicht alles tun, um irgendwann wieder dürfen zu können?

Trotzdem war die Welt auch damals schon sehr modern. Das Leben ist ja von Haus aus sehr vollautomatisch. Es ist ein dynamischer Prozess, der von selber abläuft, auch wenn man nichts tut. Manchmal will man ja sogar etwas tun, aber das Leben will etwas anderes. So passieren Autounfälle, Flugzeugabstürze und private Katastrophen bis hin zu Mord und Totschlag. Die Sendung „Aktenzeichen XY ungelöst" lebt hauptsächlich davon, dass das Leben selber keine Strategie hat. Wer lässt sich schon gerne freiwillig umbringen oder überfällt sich selbst? Egal, ich verurteile das Ganze hiermit ja gar nicht. Ich bin nur froh, dass ich bis jetzt noch nie jemanden umbringen wollte. Ich glaube, wenn man jemanden umbringen will, dann ist das so, wie wenn man eine starke Grippe bekommt. Lustig ist das nicht. Das ist eine Form von innerem Krieg, der nach außen kommt. Und mit dem Krieg kenne ich mich ja sehr gut aus. Erstens, weil mir als Kind meine Oma, mein Opa, mein Vater und meine Mutter oft vom Krieg erzählt haben. Zweitens, weil gleich in der Nähe von meinem Zuhause ein großer Militärübungsplatz war. Und drittens einfach nur so. Ich habe ja als Kind immer Kriegsflugzeuge gebastelt. Ich hatte auch viele Panzer und Soldaten. Da spielte ich dann immer Krieg. Da konnte es sogar passieren, dass die Panzer über die Menschen drüber fuhren, weil im Krieg ist das ja alles erlaubt. Im Krieg darf man sogar Menschen erschießen, ohne dass man dafür ins Gefängnis muss. Aber, wie gesagt, am meisten haben mich die Kriegsflugzeuge interessiert. Am besten gefielen mir die mit den meisten Bomben und Maschinengewehren drauf.

Ich habe mich nie für Rettungsautos und Feuerwehrautos interessiert. Ich habe mich immer viel mehr für das interessiert, was alles andere kaputtmachen kann. Ich habe gemeinsam mit meinem Bruder unzählige Plastiklastautos mit dem Hammer zerstört, um Autounfälle nachzuspielen. Die Toten waren die Ribisel, die wir aus dem Garten holten. Da floss manchmal schon ziemlich viel Blut. Sehr super war auch, dass in der Gegend, wo ich aufgewachsen bin, im Krieg drei Flugzeuge abgestürzt sind. Als Buben haben wir die gesucht - und zum Glück auch gefunden. Ich weiß mittlerweile sogar, welche Flugzeuge das waren. Es waren eine deutsche Ju 88, ein amerikanischer B 24 Bomber und eine P 51 Mustang. Bei einem Flugzeug sah man sogar noch sehr große Teile und einen Militärhelm. Wie gesagt, der Krieg hat mich immer sehr interessiert. Einmal hatte ich eine Freundin, deren Vater im Krieg Flugzeugwart war. Mit dem konnte ich mich so unterhalten, als ob ich selber im Krieg gewesen wäre. Tatsächlich ist es aber so, dass alle Menschen im Krieg sind. Wer hat schon den inneren Frieden gefunden? Inneren Frieden kann man bestimmt nicht mit Kampf finden. Aber wer im Leben will schon aufhören zu kämpfen, und sei es für das „Gute“. Irgendetwas passt ja immer nicht - und so geht es los: Für den Frieden gegen den Krieg, für das Gute gegen das Böse, für die Blumen gegen die Wiesen, für die Hühner gegen die Eier, für die Bäume gegen das Holz. So geht es immer, immer weiter. Ich sage Euch: Kämpfen ist schwierig, weil man viel Mut dazu braucht. Aber noch mehr Mut als zum Kämpfen braucht man zum Aufgeben.

Ich frage mich, wozu ich diesen ganzen Plunder hier überhaupt schreibe. Wozu soll das jemand lesen? Es interessiert ja nicht einmal mich selber, weil das alles längst vorbei ist. Vielleicht mach' ich das nur, damit meine Vergangenheit endgültig sterben kann. Ich brauche sie ja sowieso nicht mehr. Was soll ich mit meiner Vergangenheit anfangen? Man muss sich irgendwann von ihr lösen. Dann ist man erlöst. Aber wer will sich denn überhaupt selber erlösen? Da ist es viel praktischer, wenn man an einen Christus glaubt, der das für einen erledigt. Für die Erlösung braucht man nämlich viel Zeit - und die kostet Geld. Aber genau davon braucht man ja selber am meisten. Deshalb ist es viel besser, wenn man von jemand anderem erlöst wird. Ich glaube ja nicht daran. Ich mache lieber alles selber. Früher, als ich von zu Hause weggegangen bin nach Graz, da habe ich nicht alles selber machen wollen. Da habe ich mich überhaupt nicht mehr ausgekannt. Ich habe vorher nie verstanden, warum sich Leute fragen, was das Leben für einen Sinn hat und warum sie hier sind. Bis zu meinem zweiundzwanzigsten Lebensjahr war mir alles klar. Ich war nie traurig und hatte auch nie irgendwelche Sinnkrisen. Klar hab ich die Schule oft gehasst, aber ich wäre damals nie auf die Idee gekommen, nicht mehr zur Schule zu gehen. Was man anfängt, das macht man auch fertig. So dumm bin ich jetzt nicht mehr. Jetzt bin ich noch blöder - aber ich weiß es zumindest.

Deshalb macht mich meine Dummheit auch auf eine Weise frei. Man braucht überhaupt nix fertig machen - schon gar nicht die Schule. Wichtig ist, dass man weiß, was man will! Trotzdem: Wenn ich noch einmal eine Schule für mich aussuchen könnte, dann würde ich in die Knödelakademie gehen. Dann könnte ich wenigstens kochen und einen Haushalt bestreiten.

Ich lebe wie ein Gestrampelter. Das Leben hat mich total im Griff. Umgekehrt geht nicht. In der Früh stehe ich um zehn oder elf Uhr auf. Wenn ich auf Tournee bin, ist das Leben total. Wenn ich nicht auftrete, beginnt alles sehr plötzlich zu werden, weil ich nie weiß, was man tun soll. Ich habe ja keine Hobbies wie Reiten, Radio hören und Tanzen gehen. Ich mache nur Handlungen und fast keine Beschäftigungen. Zum Beispiel auf der Post etwas einzahlen, ein Essen bestellen oder einfach nur global sein. Deshalb wird mein Leben oft sehr äußerst und man weiß nicht, wozu man was wissen soll. Die Journalisten fragen mich immer, wie ich privat lebe. Wenn nur einer von ihnen auch nur einen einzigen Tag von mir durchmustern könnte, dann würde keiner mehr über mich etwas Schriftliches schreiben, weil ihnen schon nach zwei Stunden die Buchstaben ausgehen würden. Sie würden sich die Nieren anzapfen lassen oder sich mit Butter einbalsamieren, damit sie nicht noch länger warten müssen, bis endlich irgendetwas zum Beginnen anfängt. Ich sage immer, dass jeder Idiot etwas machen kann. Aber wer kann nix machen? So, wie auch das Denken eine Sache für Idioten ist. Machen, machen, machen, tun, tun, tun, denken, denken, denken. Noch bin ich ein Idiot, aber eines Tages werde ich mit dem Denken aufhören - und dann kommen die Sterne von selber zu mir. Trotzdem muss ich hier auch sagen, dass es viele Vorteile hat, wenn man ein Idiot ist.

Idioten werden von den anderen Menschen immer sehr freundlich behandelt. Wenn alle Menschen so freundlich behandelt werden würden wie die Idioten, dann würde es auf dieser Welt anders aussehen.

Plötzlich macht es stop. Dann wird unten zusammengezählt und dann wird geschaut, was dabei herauskommt. Zum Beispiel Magister der Nitratwissenschaften oder Journalist für schleimfreie Fernsehkost. Meine weiteren Lebensziele lassen sich nicht mit Dingen messen. Ich denke nur noch in Zuständen, was aber nicht möglich ist. Was ich sehe, ist daher ein Baum. Dahinter steht ein Haus. Unter dem Baum sitze ich mit einem langen Bart. Die Leute schauen zu mir her. Keiner will etwas wissen. Der Raum, der mich umgibt, hört nicht mehr auf. Das kann man nur spüren, aber nicht denken. Wenn man das absolute Nichtstun beherrscht, erfüllt sich ein goldener Traum. Beim Meditieren beispielsweise kann man das sehr gut nachfühlen. Früher in Graz, wo ich dann meine ersten Sinnkrisen hatte, habe ich so jemanden gesucht. Aber in meinem Leben musste ich immer derjenige sein, der für die anderen das war, was er sich selber für sich gewünscht hat. Ich wollte zum Beispiel immer, dass aus meiner Schulklasse jemand berühmt wird. Aber dass das ich selber bin, hätte ich damals nicht künftig werden lassen. In Graz habe ich mir immer gewünscht, dass jemand zu mir kommt, mir auf die Schulter klopft und sagt: „Setz' dich und höre, was ich fühle!“ Doch damals gab es keinen Mann mit einem langen Bart. Der letzte Mann mit langem Bart, den ich traf, war der Nikolaus - aber der hat nur Fragen gestellt. Das ist auch gut so, denn seine Antworten wären bestimmt nur gewesen, ohne zu sein. Jedenfalls habe ich in Graz in den Apfel hinein gebissen, wo die Schlange drinnen war. So gesehen war meine Kindheit erst mit zweiundzwanzig Jahren aus. Bis dahin war ich in der Schule ein Streber, bin im Nationalteam Langstreckenläufer bei den Weltmeisterschaften gewesen und habe viel Schlagzeug in Tanzmusikgruppen gespielt. Meine ganze Welt war ein Haufen von Amtshandlungen, die hintereinander stattfanden. Als mich dann auf der Pädagogischen Akademie ein Professor fragte, was ich fühle, wenn ich vom Grazer Hauptplatz zur Pädagogischen Akademie gehe, wusste ich keine Antwort. Ich fühlte ja nichts. Ich wusste zwar, was zu tun war, weil ich tat ja immer was, aber fühlen konnte ich nicht. Ein Baum, eine Katze, eine Kerze, ein Hund. Aus. Dann ging ich weiter. Ich aß die Wurst ohne Senf. Plötzlich aber kam der Senf dazu. Es kam so viel Senf, dass ich die Wurst nicht mehr fand. Ich fühlte mich betrogen. Ich wollte mein Leben zurückgeben und gegen ein neues tauschen. Mein Leben begann immer mehr so zu werden: Studieren mag ich nicht. Ich hör' auf. Ich mach' was anderes. Ich mach' ein Kolleg für Chemie. Ich mag nicht. Ich mach' was anderes. Ich bin Billa-Filialleiter. Ich mag nicht. Ich mach' was anderes. Ich bin bei einer Zeitung. Ich mag nicht. Ich mach' was anderes. Dann wurde ich Nachtwächter in München. Nach zwei Stunden kündigte ich. Ich mag nicht. Ich bleibe in München. Nein, ich gehe nach London. Nein ich gehe zurück in die Steiermark. Plötzlich bin ich in Wien.

Nach München komme ich auch jetzt noch als lustiger Künstler immer wieder zurück. Dann gehe ich zu den Plätzen hin, wo ich mit fünfundzwanzig herumgesessen bin und nicht mehr weitergewusst habe. Bei Regen unter dem Olympischen Stadion, wo ich meine traurigen Lieder gesungen habe. Von fünfundzwanzigtausend Zuschauern war nicht einmal ein einziger hier. Scheiße. Ich rufe in Graz an, ob ich jemandem fehle. „Nein, hier passt alles -

du fehlst niemandem." Ok. Dann weiß ich halt auch nicht, ob der Hund nach Ruckyzucky will. Aber irgendwann, so habe ich mir damals gedacht, da werde ich ein großer Star sein und viele Leute werden zu mir kommen! Ha, ha, ha. München ausverkauft, Graz ausverkauft, Wien ausverkauft. Herr Poier, was machen sie mit dem ganzen Geld? Wie kommen sie auf ihre lustigen Ideen? Sind sie eigentlich ein trauriger Mensch?

Ich mag sehr gerne die „dunklen" Leute. Für sie möchte ich tanzen und herumhüpfen wie ein irr gewordener Nichtexistenzler. Ich setze mir eine Clownnase auf und rezitiere Nietzsche. Für sie bin ich gerne bereit, ein Pavian zu sein. Ich bin nicht gescheit. Ich bin nicht verrückt. Ich bin nicht genial. Ich bin hoffentlich bald ein Niemand. Dann könnt' ihr durch mich durchgehen und jeden Blödsinn trinken, den ich sage. Denn sagen ist von Haus aus meistens Blödsinn. Erst, wenn die Ähnlichkeit ihre Fühler durch die Beträchtlichkeit der Genüsse streckt, dann dauert es nicht mehr lange. Nicht mehr lange - und nicht mehr kurz. Nur. Ein Fuchs huscht über die Buschlinie. Seine Ohren fisteln im Wind wie Disteln aus einer anderen Dreisamkeit. Wer kommt hier des einsamen Weges? Kennen wir ihn - so kennen wir ihn nicht. Kennen wir ihn nicht - so kennen wir ihn. Kommt, setzt euch zu mir, kocht für mich und erledigt meinen Haushalt. Ich mag gerne Fischstäbchen, Wiener Schnitzel und Sushi.

Ich bin meinen beiden Eltern sehr dankbar dafür, dass ich nie in den Kindergarten gehen musste. Deshalb konnte ich aufwachsen wie ein Gänseblümchen. Mitten im Gras und doch nicht grün. Als ich in der Schule war, musste ich ständig weinen. Ich wollte nicht in die Schule gehen. Das hat zirka zwei Monate lang gedauert. Später ging ich vor der Schule sogar noch freiwillig ministrieren. Ich wollte das so. Heilig, heilig, heilig. Jetzt glaube ich so gesehen an nichts mehr. Wozu? Glauben heißt zweifeln. Und wer aufhören will zu zweifeln, der muss aufhören zu glauben! Das konnte ich mir früher überhaupt nicht vorstellen. Wenn ich gehört habe, dass jemand aus der Kirche ausgetreten ist, dann taten mir diese Leute sehr Leid. Sie schienen mir total verloren zu sein. Wozu lebten sie überhaupt noch? Ohne Glauben? Aber jetzt: Die Nichtreligion ist die wahre Religion. Die Bäume sind mir heilig, die Frösche sind meine Erlöser und die moosigen Holunder-Pfützen sind mein wildes Weihwasser. Dann kommen die Mädchen. Schwarze Mädchen mit geschminkten Augen wie Schlangen. Traurige Mädchen, wilde Mädchen. Sie riechen so gut. Ich möchte ihre Traurigkeit austrinken und in bunte Mandelblüten verwandeln. Aus jeder Blüte kommt ein frisch gestrichener Fruchtschmetterling heraus. Ich stehe daneben und zähle die Käfer. Etwas weiter hinten pinkelt ein Hund. Die Mädchen sehen ihm dabei zu und ziehen auch ihre Höschen runter.

Ich wollte immer wissen, wie die Welt ist. Was war vorher, was kommt nachher? Ist überhaupt irgendetwas, oder bleibt am Ende doch alles über? Wir werden es hier niemals erfahren. Ich will die Welt auch nicht mehr verändern. Ich bin einer der unengagiertesten Leute, die es auf dieser Welt gibt. Ich will die Welt nur so akzeptieren können, wie sie ist. Dann kann man schon in der nächsten Sekunde zufrieden sein. Wusch! Dann kann man auch mit der Unzufriedenheit zufrieden sein. Schwierig. Wer die Welt erkennen will, der wird sie verlieren - und erst derjenige, der sie verliert, kann sie finden. Deshalb muss der Geist verzweifeln, damit er frei wird. Man braucht sich auch selber nicht zu ändern. Jeder von euch darf so neidig sein, wie er will. Jeder von euch darf wollen, was er will. Versucht euch nicht zu verändern. Seid, was ihr seid. Seid dumm, seid egoistisch, seid einsam. Der Weg unterscheidet nicht zwischen Sand und Steinen. Die Wiese unterscheidet nicht zwischen Gras und Honig. Deshalb können übergewichtige Menschen keinen Marathon gewinnen. Sie können nicht dünn sein, aber sie können total übergewichtig sein.

Ich kann das auch alles nicht - ABER GENAU DAS KANN ICH. Warum sollte im ganzen Universum alles perfekt sein, nur der Mensch nicht? Was ist an einem Erdbeben nicht perfekt? Was ist an einem Wirbelsturm nicht perfekt? Warum also sollte man dann unperfekt sein, wenn man Probleme damit hat, sich so anzunehmen, wie man ist? Schämt euch, damit ihr euch nicht schämen müsst! Es gibt allerorts Vorstellungen, wie alles sein sollte, aber die Wirklichkeit kennt keine Vorstellungen. Sie ist. Die Wirklichkeit ist eine ehrliche Lüge! Dann frag' ich mich, ob ich nur zu ehrlich bin, um zu lügen, oder ob ich nur zu feige dazu bin? Das ist auch deshalb wichtig, weil ich im Leben fast noch nie zu jemandem gesagt habe: „Ich liebe dich". Ich konnte das nicht sagen. Die Frage ist ja immer, ob man überhaupt in eine Person verliebt ist oder einfach nur in die Vorstellung einer Person. Wenn man jemanden wirklich liebt, dann müsste man ja auch in der Lage sein, diese Person zu lieben, wenn sie sich von einem abwendet, hintergeht oder belügt! Liebe ist, wenn man jemanden so annehmen kann, wie er wirklich ist, samt Einrichtung, Parkettboden und kaputten Fenstern. Aber wie kann man jemanden anderen annehmen, wenn man sich selber ständig im Leben verbessern will? Wir brauchen uns als Menschen nicht ständig zu verbessern, wir brauchen nur so zu sein, wie wir sind, den Rest besorgt das Leben selbst. Oder der Psychotherapeut. Je nachdem. Es gibt da einen schönen Spruch, der heißt: „Wer die Hölle zu lieben beginnt, der ist bereits im Himmel".

Mein Gehirn ist ein flüssiger Durchlaufposten. Es ist die Gemäßheit meiner geistigen Nahrung, sehr schnurstracks zu sein. Nächstes Jahr wird ein Lift gebaut. Jemand anderer verspricht hoch und heilig, aus Brot wieder Weizen herzustellen. Die Krähen bleiben, wo sie sind. Sie sind weiß und heißen ab morgen Tauben. Trotzdem sage ich euch: Dem Licht ist es egal. Ob Täter oder Opfer, der Himmel hat seine Pforten schon geöffnet. Seht nicht das Spiel der Oberfläche, seht das, was das Spiel bedingt. Greift euch gegenseitig aus und denkt dabei an die Jungfrau Maria. Schlagt euch ins Gesicht und betet dabei das Vater Unser. Herr, dein Wille geschehe! Hier der richtige Zeitungsartikel dazu: Opfer sucht Gleichgesinnten, netten Täter zum gemeinsamen Verbrechen. Wie kann man bloß so denken? Friede, Friede, Friede - und das mitten im Krieg. Ich habe so gesehen überhaupt keine Lust mehr, Benefizkonzerte zu geben. Ich mag diese Stimmung dort nicht. Ich will nicht engagiert sein. Ich will die Welt nicht verändern. Benefiz ist Kritik an der Welt. Ich habe nicht die Macht, dem Universum zu sagen, wie es sein sollte. Essen ist nichts anderes als Klogehen. Fliegen und Landen sind eine Einheit. Doch schon jetzt setze ich mir die Clownnase auf, um mich später für all das, was ich hier schreibe, nicht rechtfertigen zu müssen. Ich kann mir meine Hände zwar abschneiden - aber wegleugnen kann ich sie nicht.

Ich widme dieses Buch all jenen, die mich abgrundtief hassen. Hass ist etwas sehr Ehrliches - und Ehrlichkeit muss man belohnen. Deshalb widme ich dieses Buch meinen Feinden. Sie sind meine wahren Freunde, weil sie so ehrlich zu mir sind. Danke, dass ihr mich versteht!

Ich bin und war und werde wahrscheinlich immer ein Einzelgänger bleiben. Ein Randstein für angepinkelte Autoreifen. Doch auch gibt es Weggefährten. Parasolia, die gebenedeite Prinzessen auf dem Misthaufen. Eigentlich heißt sie Verena und war für einige Jahre meine wirkliche Freundin mit Sex zu zweit und allem was dazugehört. Sie ist bestimmt einer der enormsten Menschen, die ich je kennen gelernt habe. Wahrscheinlich würden die Seiten dieses Buches nicht ausreichen, um all das zu sagen, was es über sie zu sagen gibt. Sie ist die Lady Diana meines Herzens. Unser Humor ist meistens so gleich, dass wir sogar gemeinsam darüber lachen können, was manchmal wirklich sehr lustig sein kann. Sie versteht, ohne zu wissen, und sie weiß, ohne zu verstehen. Vor ihr bringe ich meine Gaben dar und entwende das Universum der Sterne. Ihre Fähigkeit ist die Göttlichkeit selbst. Ihr zum Dank rüsseln alle Tiere dieser Welt. Sie ist die Amme der neutralen Wahrheit und die Mutter aller Tiere dieser Erde. Sie ist die Rinde vom Baum und das Holz der Sonne. Gebenedeit sei sie in Ewigkeit. Sie gehört zu meinen ganz großen Entdeckungen auf dieser Erde. Sie hat mir eine ganze Kassette lang immer wieder dasselbe traurige Lied aufgenommen. Sie ist alle Tiere dieser Welt.

All dies schreibe ich zum Trost all jener, die auch alleine sind, obwohl sie viele Leute kennen. Aber auch ich möchte für euch der sein, der irgendwo vorbeigeht. Ich beobachte, entschlüssle und gebe weiter. Nehmt meine Gaben und vergrabt sie in eurem Garten, damit ihr sie ausgraben könnt, wenn der Krieg ausbricht. Wenn wilde Reiter über das Land ziehen und alles kaputtmachen, dann denkt an den Schatz im Garten. Aber Achtung, Achtung! Vielleicht bin ja ich selber der wilde Reiter, wo hinten im Wind ein schwarzer Schleier nachweht. Dann weiß ich, wo ihr euren Schatz versteckt habt, und ich werde ihn dort ausgraben und vernichten. Ich werde aber auch euer Haus schwarz anmalen und euer Bett in Unordnung bringen. Ich werde euch den Kühlschrank leer essen und neben das WC pinkeln. Dann werde ich mit Ameisensäure eure Möbel neu polieren. Was ist euer Schatz dann noch wert? Glaubt mir bitte kein Wort. Glaubt niemandem. Glaubt nur euch - denn sonst wird euer Schatz verloren sein.

Ein Mädchen ist der momentane Liebesbefürworter meiner transpersonalen Transzendenz. Ihr Geruch ist die Welt nach außen gedreht. Wir reden nicht. Es gibt zwischen uns nichts zu sagen. Vielleicht ist sie ein Teil meiner verlorenen Osterjugend. Sie sieht mich an, als ob. Manchmal rufen wir uns nicht mehr an. Irgendetwas zwischen uns ist nicht zwischen uns. Wir können nur herausfinden, was das Verbindende verhindert. Hinter der Mauer lauert oft die Gefahr der Verletzung. Deshalb macht Verletzung frei. So wurde die Seife erfunden. Dieses Buch ist ein reines Sterbebuch. So wie es das Tibetische Totenbuch gibt, so gibt es für mich dieses Buch. Es ist ein Versuch der transzendenten Loslösung von der Begrifflichkeit. Mein Gehirn hingegen ist ein Misthaufen. Doch die Leute sagen: „So ein schöner Misthaufen! Alf, zeig' uns deinen Misthaufen! Dünge uns damit! Pflanze deinen Mist in unser Gehirn, damit wieder Blumen wachsen." Mist als das höchste Gut der Erlösung. Mist als Mittel zum Weitermachen. Mist als Verlängerung der Arme und Beine. Mist als Stachel im Universum. Das Universum ist der Mist Gottes. So kann alles wachsen und gedeihen. Ohne Mist kein Universum. Dort, wo geschissen wird, gibt es Existenz. Mist als übersteigerter Gottesbeweis. Wenn wir also zu einer Person sagen: „Ich scheiß' auf dich", so meinen wir damit, dass wir diese Person düngen. Wir helfen der Person zu wachsen. Deshalb bitte ich euch: „Scheißt auf mich!“ Damit ich gedeihen kann. Damit meine Knospen erblühen und das Tagwerk beenden, das man mein Leben nennt. Diejenigen Leute, die sagen: „Scheiß' doch auf den Poier“, die helfen mir am meisten, weil sie mich am besten düngen. Sie helfen mir, ohne dass sie es wollen. Deshalb ist es wichtig zu erkennen, dass, wenn es uns im Leben beschissen geht, sich nur der Dünger durch seine Weisheit in uns inkarniert. Preisen wir Gott, damit er auf uns herab scheißt und uns düngt, auf dass wir eines Tages so sein können, wie die Hüte im Palast des Kopfjägers. Sie kennen nicht ihre Bestimmung, aber sie sind immer hundertprozentig dort, wo sie sind. Zeigt mir einen Menschen, der im Kopf dort ist, wo er steht. Allein deshalb schon ist der Kopf ein Misthaufen. Lange kann dieser Misthaufen wachsen, ohne die Seele anzustinken. Wenn er aber zum ersten Mal die Seele berührt, dann hat der Teufel ein sehr leichtes Spiel. Die Seele ist nicht etwas, das man düngen muss. Sie ist das reinste Nichtbeispiel, das es gibt. Der Körper, in dem die Seele wohnt, ist eine strategische Fleischwuchtel. Wenn die Sprache aufhört und keine Worte mehr sind, dann beginnt sich die Seele auszudehnen. Sie dehnt sich über alles hinweg, was es jemals gibt. Sie begattet sich mit windfreien Industrieanlagen, blauen Sulfatfischen und lichtfreien Kunst-Stutzen. Sie duftet sogar noch aus der Leber einer alten Weizenaszendentin, die als Vogel verkleidet aus einer alten Klamaukkiste herausmasturbiert. Der Kasperl steht daneben und keimt. Keinen Platz, den sie nicht kennt, meidet sie. Die Seele meidet nicht, denn sie kennt kein „Nein“. Sie kennt nur das „Ja“. Deshalb, guter Gott im Himmel, schicke uns weiterhin Erdbeben, Hunger und Not! Wir danken dir dafür. Wir wissen nur leider nicht wie.

Seht dieses Buch nicht als Buch. Seht es als Waffe. Werft es euch selbst an den Kopf, damit ihr spürt, dass es das Leben gibt. Beschmiert es mit Mistelbutter und legt es in Essig und Öl. Verachtet es und tretet es mit euren Füßen. Dieses Buch ist eine Waffe. Glaubt mir kein Wort. Kümmert euch um euren eigenen Mist. Denkt doch selber nach. Stop. Verbrennt das Buch und geht raus auf die Straße. Als Wurstverkäuferin oder als Korbhistoriker. Was immer ihr wollt. Versucht alles und sehet die Unterscheidungslosigkeit zwischen Fischen, Radfahren und Autostoppen. Ich sehe sie nicht praktisch, aber mental. Oft sitze ich lange Zeit in der Küche und schaue die Wand an. Ich finde keinen Grund, warum ich etwas machen soll. Die Zeit läuft - nichts geschieht. Mein Gehirn rabaukt und wiehert. Ich befehle ihm, still zu sein, doch es hört nicht auf. Mach' was, tu' was, leiste was! So hämmert es auf mich ein. Ich höre nicht hin. Ich bin gescheiter als mein Gehirn. Aber das ist keine Kunst. Kunst ist zum Beispiel ein Gefühl zum Angreifen. Kunst ist die Sichtbarkeit der inneren Eindrücke. Zum Beispiel Waschpulver zum Fensterschließen oder Eier einmal anders rum. Einmal hatte ich eine Vision. Ich sah in mein eigenes Gehirn hinein. Es war riesengroß wie das Universum. Aber - und das wunderte mich - es war leer. Nur ganz am Rande an meiner Schädeldecke waren noch ganz kleine Reste von meinem früheren Gehirn zu sehen. Da wusste ich: Die müssen weg. Es muss alles raus. Erst, wenn niemand mehr zu Hause ist, kehrt Ruhe ein. Jeder Gegenstand, der in Bewegung ist, strebt nach Ruhe. Deshalb ist mein Denken ein Gegenstand.

Langsam werden sich die Leute fragen, welche Drogen ich nehme. Keine. Ich habe ganz selten mal versucht, etwas zu rauchen, aber es ist nicht gut. Meditation ist besser. Ich gebe zu, ich bin süchtig nach Essen, nach Trinken, nach Luft. Das reicht. Wenn man mir für einige Minuten die Luft nimmt, dann drehe ich durch. Sonst bin ich ganz normal. Ich bin weder schräg noch sonst etwas. Schräg sollen die sein, die sich einen grünen Hut aufsetzen und damit auf die Bühne gehen, um dort einen Hausmeister zu spielen. Eine aufgesetzte Rolle. So wie der Großteil der ganzen verkommenden deutschen Comedy-Gesellschaft. „Arbeite noch an deiner Figur, arbeite an deiner Bühnenpräsenz!“ Nein! Ich arbeite nicht an irgendetwas auf der Bühne. Ich bin. Man ist ja immer anders. Nicht bin ich Komiker, aber Philosoph anno domini. In der Früh beim Stück ist man anders wie am Abend beim Essen. In der Pause ist man anders wie im Krieg. Alles vergeht - nur die Vergänglichkeit bleibt. Der Wandel ist immer der Wandel, nur das, was man ist, wechselt wie je und eh. Am besten kann man in Beziehungen sehen, wie man anders wird. Je nachdem, mit welcher Frau ich zusammen war, so war ich. Wenn man zum Beispiel eine Honigpersönlichkeit ist und man trifft eine Milchpersönlichkeit, dann kommt eine süße Milch heraus. Wenn aber jemand mit einer Honigpersönlichkeit auf eine Pfefferpersönlichkeit trifft, was kommt dann raus? Das sind dann die Beziehungen, wo sich die Leute danach umoperieren lassen oder aus lauter Weile lang werden. Lange blieb mir das alles erspart, weil ich meine erste Beziehung erst mit ganzen achtundzwanzig Jahren hatte. Ich glaubte schon, verrückt zu werden. Es ging nicht vorher. Jetzt bin ich oft dafür dankbar, denn sonst wäre ich sicherlich Automechaniker oder Gasabschneider geworden. Ich möchte nicht sagen, dass diese Leute unterschiedlicher sind als ich. Eher im Gegenteil.

Aber für mich ist es schon, so glaube ich, ein helles Erscheinungsbild meiner dunklen Kraft, mehrheitlich sein zu dürfen. Deshalb sage ich euch: Geht in den Zoo und lasst euch von den Affen durchschauen. Sie können es - aber wir können es nicht. Hiermit schicke ich alle Vertreter der gängigen Werte in die Lehre zu den Affen. Sie brauchen keine Weltanschauung - sie können selber schauen.

Seht dieses Buch als rituelle Waschung. Als moderne Gehirnwäsche. Wer sonst wäscht euch das Gehirn zu diesem Preis? Wir waschen unsere Hosen, unsere Kleider, unsere Hände und Füße. Wer wäscht uns das Gehirn? Wenn wir an einer Baustelle vorbeigehen und jemand bespritzt uns mit Kalkwasser oder Teer oder Tinte, dann können wir vor ein Gericht gehen und klagen. Wenn uns jemand mutwillig womit auch immer bespritzt, dann können wir das einklagen. Aber wohin gehen wir, wenn jemand unser Gehirn mit Gedanken und Informationen füllt, die wir nicht brauchen? Wen klagen wir an, wenn uns die Lehrer und Universitätsprofessoren mit Müll voll stopfen? Und vor allem, wie wird man diesen Müll wieder los? Man kann sich Wissen sehr schnell aneignen, aber man wird es nicht so schnell wieder los. Eine Hose kann man waschen, aber das Gehirn ist zu lebendig für die Kochwäsche. Unser Gehirn können wir nur mit Desinformation reinigen. Und Desinformation ist nichts anderes als Meditation. Das ist halt auch nicht immer einfach, aber besser. Nur wenig Information ist wichtig. Ich höre keine Zeitung, ich lese kein Radio und schau' kaum ein Fern. Lesen tu' ich. Ich las mehr und las weniger. Lesen ist gut als Handlung und ebenfalls tauglich als Beschäftigung. Wenn man als Beschäftigung liest, kann man anstatt dessen aber auch zum Ringelspiel gehen und dort so lange im

Kreis fahren, bis man rund ist. Streichelzoo ist da schon viel besser, weil da wird nur die Hand zahm. Aber das spürt man wenigstens, denn vom Wissen hingegen spürt man nichts. Information ist die Nichtspürung ihrer selbst. Deshalb schaue ich auch nie die Fernsehsendungen an, wo die Leute ihre Dummheit zur Schau stellen. Was war am 25. April 1735 in Japan für ein Tag? Wie hieß der Erfinder von der Stacheluhr und woher kamen die Wanderzangen? Nicht gewusst, nicht gut, kein Geld, fahr' nach Hause.

Es dauert im Leben lange, bis aus einem leeren Kartoffelfeld eine Persönlichkeit wird. Aber wozu braucht man eine Persönlichkeit? Eine Persönlichkeit hängt an den Menschen wie ein Klumpfuß. Sie ist der Pflug, den die Bäuerin hinter sich herzieht. Die Bäuerin ist eingespannt in einen Pflug und hechelt vorne wie ein Pferd. Die Persönlichkeit muss deshalb fallengelassen werden. Sie ist der Stein des Weisen nicht. Deshalb habe ich ein Spiel erfunden. Es heißt „Schweine erkennen die Welt“. Die Leute lieben sonst gerne die Spiele. Aber meine Spiele mögen sie, so glaube ich, nicht so gern. Dabei kann man bei diesem Spiel gar nichts verlieren. Bei „Mensch Ärgere Dich Nicht“ oder „Schach“ kann man verlieren. Hier nicht. Das Spiel beginnt damit, dass man sich nackig auszieht und auf dem Boden herumkriecht, wie ein Schwein. Am besten ist, man grunzt auch dazu und quietscht. Dann muss man dem anderen hinterher kriechen. Mehr ist nicht. Das ist doch ein tolles Spiel! Nicht einmal meine Freundin wollte es mit mir spielen. So bin ich auch da alleine. Ich muss meine Spiele immer alleine spielen. Dabei wäre dieses Spiel doch so schön. Aber die Leute wollen keine schönen Spiele. Sie wollen Spiele, wo jemand gewinnt und jemand verliert. Sie wollen zeigen, dass sie etwas besser können als die anderen, oder dass sie mehr Glück haben als die anderen. Bei meinem Spiel gibt es weder Glück noch Pech. Das Spiel ist aus, wenn man genug Schwein war und dem anderen halt lange genug nach gekrochen ist. Schade, dass meine Spiele niemand gerne spielt. Wenn die Leute keine Persönlichkeit hätten, die sie ja ohnehin nicht haben, dann würden sie mein Spiel vielleicht verstehen. So aber nicht. Dabei wäre gerade dieses Spiel super dazu geeignet, seine Persönlichkeit abzulegen. Bestimmt gibt es irgendwo auf der Welt Leute, die mein Spiel spielen wollen. Aber ob ich die jemals kennen lernen werde, weiß ich jetzt noch gar nicht. Das Spiel dient auch gut dazu, seine eigenen Grenzen zu verlassen. Grenzen sind ja nur im Kopf. Deshalb braucht man bei meinem Spiel nicht einmal einen Reisepass.

Das klingt jetzt hier alles vielleicht eher negativ. Ich spreche kaum über die vielen Blumens, die auf den Wiesen wuchsen, wo ich aufgewachsen bin. Die vielen bunten Vögeleins und die lieben Rehleins im Walde. Am Wochenende fuhren wir manchmal mit meinen beiden Elterns, meinem Bruder und später auch mit meiner Schwester nach Kärnten zum Längsee baden. Ich bin ziemlich dürr und ziemlich weiß. Ich rieche noch heute die Pfirsiche, die wir in Neumarkt eingekauft haben. Es gibt ein Eis am Buffet und ich sehe die Haare, die bei den Frauen bei der Badehose herauswachsen. Da schwimmt man dann schon mal unter einen Steg und schaut genauer nach! Mein Bruder badet nicht so gerne. Er bleibt zu Hause. Weiß der Teufel warum. Das waren Sommer! Wir gehen auch mit den Eltern gemeinsam auf die Berge hinauf. Besonders in Pusterwald, wo mein Vater herkommt. Manchmal sind wir auch auf Besuch in der Untersteiermark, bei den Verwandten von der Mutti. Beide Eltern von mir stammen von Bauern ab. Das kann man auch bei mir noch gut hören, wenn man mir eine Mistgabel in die Hände gibt. Meine Oma väterlicherseits wohnte auch bei uns zu Hause in Rothenthurm. Sie wurde über hundert Jahre alt. Sie hat oft Geschichten von ihrer Kindheit und vom kargen Leben in den Bergen um die Jahrhundertwende erzählt. Es gab nur schludrigen Speck zu essen und die Supermärkte hatten damals noch alle geschlossen. Sie wurde genau 1900 geboren. Dann kam das erste Auto nach Pusterwald, dann kamen komische Gestalten daher, die nicht einmal nass wurden, wenn es regnete. Einer saß immer am Wegrand und hatte ein blaues Feuer. Es gab Würmer, die gebündelt im Strang auftraten. Leute mit Körben auf den Köpfen und Bauern, die von wilden Stieren aufgespießt wurden. Die Därme hingen noch am Zaun. Es gab komische Schlurfgeräusche im Kuhstall und klopfende Wände im Haus der Sennerin. War es der Teufel? War es der Wind? Bis heute wissen wir es nicht. Wenn ich aus dem Zimmer von der Oma ging, dann musste ich immer vom Weihwasser nehmen und mich damit bekreuzigen. Ich machte es nur ihr zuliebe, weil mir davor grauste. Das Weihwasser war nämlich meistens ziemlich abgestanden und leicht grünlich. Meine Oma hat ihr ganzes Leben lang immer sehr gerne gesungen. Früher lustige Lieder aus ihrer Jugend, später hauptsächlich Kirchenlieder. Sie kannte alle Gedichte aus ihrer Schulzeit noch auswendig und ihr zweiter Sohn - mein Onkel - wurde Pfarrer. Als mein Bruder und ich noch klein waren, fuhr er öfter mit uns irgendwo hin. Zum Beispiel auf die Burg Hochosterwitz oder nach Salzburg. Als Kind verstand ich mich sehr gut mit meinem Onkel, weil er immer Grimassen schnitt und lustig war. Vielleicht hat er sogar mehr Anteile an meinem nihilistischen Humor, als ihm das lieb ist. Je älter ich aber wurde, desto schlechter wurde das Verständnis. Als er in Bruck Pfarrer war, besuchten wir ihn öfter. Ich wohnte sogar im Pfarrhof. Ich glaube, es hätte ihm gefallen, wenn auch mein Bruder oder ich Pfarrer geworden wäre. Auch meine Oma hat mich öfter gefragt, ob ich nicht Pfarrer werden möchte. Aber ich wollte nicht. Jetzt bin ich trotzdem einer. Vielleicht nicht ein typischer Pfarrer, sondern eher einer wie der Jesus selber, der viele verärgert hat und das tat, was er gerade wollte. Ich bin ja überzeugt davon, dass der Jesus, wenn er wieder kommen würde, sofort wieder gekreuzigt werden würde - und zwar von der Kirche selber. Trotzdem glaube ich, dass mich meine christliche Erziehung, meine Zeit als Ministrant und mein kindlicher Glaube an das Jesuskind sehr geprägt haben. Das bekommt man sein Leben lang nie mehr so richtig raus. Es ist ja bei Gott nicht alles schlecht, was ich in dieser Zeit gelernt habe, aber man konnte halt trotzdem kaum man selber werden, weil schon im Vorhinein feststand, wie man zu sein hat. Brav, ordentlich, nicht unkeusch und immer lieb zu allen Menschen und Tieren. Kein Wunder, dass sich da irgendwann auch einmal die „dunklen“ Seiten bemerkbar machten, die ja gar nicht dunkel sind. Mit zweiundzwanzig Jahren ging ich zu einer Hure. Leider viel zu spät. Trotzdem hatte ich ein schlechtes Gewissen.

Als Kind war die Welt für mich total in Ordnung so wie sie war. In der Jugend war nicht mehr so ganz alles bei sich, und später war überhaupt alles im Arsch. Normalerweise müsste man ja mit zunehmendem Alter immer weiser, lebenserfahrener und standhafter sein. Meistens jedoch kann man das Gegenteil beobachten. Je älter die Menschen werden, umso frustrierter und desillusionierter werden sie. Trotzdem sagt man zu den Kindern immer: „Du musst noch viel lernen, du musst noch viel keimen, damit aus dir einmal ein schöner Dackel wird.“ Wenn man dann endlich erwachsen ist, dann heißt es plötzlich wieder: „Schaut doch die Kinder an! Seid so wie die Kinder, sie können sich noch freuen und hüpfen im Kreis her und hin.“ Kinder können sich über alles und jeden Klimburi freuen. Zum Beispiel über einen Vogel, der unten durchfliegt, oder über einen kurzen Hund. Als Erwachsener kennt man das schon alles und geht vorne vorbei. Man kümmert sich nicht mehr um vorbeifahrende Züge oder um Bankomaten, wo das Geld automatisch vom Konto rutscht. Es muss schon etwas Besonderes sein, damit man sich zwischendurch freuen kann. Wenn man das auch noch verlernt, dann läuft man dem Glück hinterher und stolpert dabei über die eigene Verdünnung. Man glaubt immer, dass das Glück von diversen Umständen abhängig ist. Zum Beispiel von einer tollen Ehefrau mit teilrasierten Brüsten oder von einer Dachterrassenwohnung mit Ausblick über die Malediven. Schön langsam aber komme ich immer mehr drauf, dass das Glück von nichts abhängig sein darf. Wenn nämlich Glück von irgendwas abhängig ist, dann ist es ja Abhängigkeit und nicht Glück. Deshalb sage ich, dass das Glück keine Bedingung kennt. Wenn nämlich das Glück eine Bedingung kennt, dann vergeht es sofort wieder, wenn die Bedingung weg ist. Wenn die Frau futsch ist, sind auch die Brüste weg. Wenn das Cabrio um den Autobahnpfeiler gewickelt ist, dann steht der Fahrer daneben und weint sich den Kredit aus den Augen. Auf der anderen Seite steht die Schalterdomina von der Bank und fuchtelt mit der Daumenschraube. Deshalb muss Glück ohne Grund kommen und ohne Grund wieder gehen. Einfach so. Das wahre Glück kommt immer dann, wenn es gerade Lust dazu hat. Es heißt ja auch „Das Glück is’ a Vogerl.“ Deshalb sind meistens die Menschen, die einen Vogel haben, am glücklichsten. Sie freuen sich sogar noch, wenn der Regen direkt gegen das Wasser klatscht. Ich habe manchmal das Gefühl, dass mit zunehmender Intellektualität und Geistestätigkeit das Glück abnimmt. Man verstrickt sich immer mehr in das, was sein sollte und vergisst dabei das, was ist. Deshalb nenne ich hier jetzt im Anschluss die vier wichtigsten Faktoren für das Glück: Früh-ling, Sommer, Herbst und Winter.

Es klingt für manche jetzt vielleicht so, als ob ich wüsste, was nicht zu wissen ist. Doch das ist so nicht richtig, weil die besten Liebeslieder schreiben ja auch nicht diejenigen, die verliebt sind, sondern diejenigen, die sich danach sehnen. Diejenigen, die verliebt sind, haben etwas anderes zu tun. Die Liebe selber ist ja niemals ein Gedicht mit Kerzen bei Rotlicht. Die Sehnsucht hingegen ist eine der stärksten Süchte, die es je gibt. Sie hört erst dann auf, wenn schon die nächste da ist. Das ganze Leben ist immer eine Sehnsucht nach der anderen. Hier gibt es kaum Möglichkeiten für eine Entziehungskur. Eine Möglichkeit ist die, dass man sich alle Sehnsüchte erfüllt, bis die Schachtel leer ist. Die andere ist die, dass man von haus aus keine mehr hat. Das Problem dabei ist das, dass die Schachtel von selber niemals leer wird und dass auch die Sehnsucht, keine Sehnsucht mehr zu haben, schon wieder eine Sehnsucht ist. Was soll man also tun? Was war zuerst da: Das Huhn oder das Ei? Da kann man nur mehr das Huhn an die Wand schleudern. Dann soll es mal schauen, ob die Freilandeier schon reif sind, oder ob es nicht doch besser wäre, als Puten-Cordonbleu in eine geschlossene Anstalt zu gehen. Im Wald, da warten die Füchse - und im Supermarkt die Frischegarantie!

Ein kleiner Junge geht mit der Mama einkaufen. Die Verkäuferin bringt eine Hose. Dem Jungen gefällt die Hose. Der Mama gefällt die Hose nicht. Was also macht der Junge? Ganz einfach: Er scheißt in die Hose, damit die

Mama die Hose kaufen muss. Der Junge war ich. Trotzdem hat viele, viele Jahre lang weiterhin die Mama für mein „attraktives“ Outfit gesorgt. Ich habe mich nach der Schule meistens umgezogen. Zu Hause muss man ja nicht so schick sein wie beim Busfahren. Ich wollte immer einen Stil haben so wie die anderen, die mit den tollen Mädchen abgezogen sind. Dann kaufte ich mir eine Karottenhose. Es sah scheiße aus. Ich wollte immer mit meinen Haaren etwas machen, aber meistens machten die Haare etwas mit mir. Sie verließen mich schon sehr früh. Schon begann die Stirn höher zu werden und ich kam mir furchtbar alt vor. Wirklich, ich fühle mich jetzt mit sechsunddreißig jünger als damals mit zwanzig. Wahrscheinlich habe ich jetzt auch mehr Appeal, was auch im weitesten Sinne mit Sex zusammenhängt. Ich hatte das Gefühl, mein Leben ist gelaufen. Ich war ein ziemlicher Ixhaufen. Wo ich meine Selbstsicherheit zurückeroberte, war der Sport, obwohl sich der Sport nie für mich interessierte. Ich war ja immer sehr durchsichtig und dünn gestaltet. Das wurde mir von allen Seiten immer wieder bestätigt. Ich habe sogar eine offizielle Urkunde vom Bundesland Österreich, wo das drinnen steht. Als ich sechzehn war, gab es in der Schule ein Lauf-Rennen. Ich wusste zwar, dass ich schwach und nicht sehr körperlich war, aber immerhin sah bei diesem Rennen ein Mädchen zu, das bereits in der Volksschule in mir Aufsehen erregt hatte. Sie war der absolute Honig meiner jugendlichen Träume. Sex zu zweit gab es damals ja nur alleine. Deshalb rannte ich so schnell ich konnte. Und siehe da, ich gewann das Rennen mit dem ersten Platz. Manche von denen, die sonst im Religionsunterricht die besten Sportler waren, sahen das gar nicht gerne. Ich fühlte mich zum ersten Mal als Sieger. Nun begann ich, an verschiedenen Rennen teilzunehmen. Und siehe da, ich rannte von Sieg zu Sieg. Ich konnte mir das vorerst nicht verklären. Man hatte mir doch immer gesagt, wie schwach und unterverwickelt ich doch sei. Ich hasste das Laufen als direkte Tätigkeit, aber ich liebte es zu siegen. Dazu muss ich aber auch sagen, dass ich immer einer der Jüngsten in meinem kindlichen Freundeskreis war. Ich musste immer das tun, was die anderen sagten.

Nie durfte ich etwas sagen dürfen. Mein Bruder war immer der Chef. Entweder ich tat, was die anderen sagten, oder die andern sagten, was ich tun soll. Mein Bruder war bei allem besser als ich. Er war in der Schule besser, er baute die schöneren Flugzeugmodelle und seine Schiffe schwammen sogar. Noch dazu musste ich als Kind immer seine alten Kleider tragen, obwohl ich sagen muss, dass meine Eltern wirklich versucht haben, uns beide gleichzeitig zu behandeln. Trotzdem, man ist und bleibt immer der kürzere und hinten langsamere. Plötzlich hatte ich also etwas, das ich gut konnte. Ich konnte hecheln. Mein Bruder war auch Läufer, sogar ein ziemlich guter. Aber eines Tages - es war am Krampusabend neunzehnhundertirgendwas - da gingen wir bei Tiefschnee trainieren. Wir liefen bei Finsternis und eisiger Sicht auf das Kulli-Kreuz hinauf. Da erinnere ich mich ganz genau: Das war das erste Mal, dass ich etwas besser konnte als mein Bruder. Ich war schneller als er. Ich konnte es kaum glauben und konnte meine innere Freude kaum verbergen, als ich sah, wie verbissen er kämpfte. Von nun an konnte mich keiner mehr bremsen. Ich lief, lief, lief. Ich lief die steilsten Hänge hinauf und trainierte den hinuntergehendsten Bergen entlang. Ich blätterte wie ein gepfeffertes Reh durch die Bäume und sportelte mit berittener Leichtigkeit über die aufgeschreckten Füchse und sämigen Wildlachse hinweg. Weder ich selber, noch der Regen, noch der Schnee konnten das dazupassende Wetter beschleunigen. Dann ging ich eines Tages zu einem Sportarzt und ließ mich untersuchen. Man stellte bei mir Sauerstoffwerte fest, die es nur noch bei Olympiateilnehmern und totalen Maximalmenschen gab. Dann wurde ich Steirischer Berglaufmeister. Irgendwann fuhr ich dann zu den Berglaufweltmeisterschaften nach England, obwohl es dort gar keine Berge gibt. Deshalb wurde ich nur Zweiundzwanzigster. Ansonsten wäre ich sicher unter die ersten zehn gekommen. Egal. Zumindest einen schwarz-afrikanischen Laufstar habe ich überholt. Ich wollte sowieso nicht mehr laufen. Gleichzeitig trommelte ich nämlich Schlagzeug in diversen Tanzmusikgruppen wie „La Bianca" oder „Domenica". Ich musste mich für irgendetwas entscheiden: Entweder Sport oder Musik. Da ich das Laufen ja eigentlich hasste und es in der Mittelzeit so extrem geworden war, dass ich mich teilweise schon um meine Gesundheit fragen musste, entschied ich mich, nach den Weltmeisterschaften damit aufzuhören. Ich lief ja nicht, weil mir das Laufen so gefiel. Ganz im Gegenteil: Es war zum anstrengend sein anstrengend. Ich lief nur, weil ich gewinnen wollte. Ich verdiente zwar nichts damit, aber ich ersparschweindelte mir so zumindest den Psychotherapeuten.

Beim Militär war mir meine überdurchschnittliche Kondition ein großer Vorteil. Dorthin, wo man die anderen strafversetzte, meldete ich mich freiwillig. Ich lief in meinem Heimatort um fünf Uhr morgens weg, fünfundzwanzig Kilometer bis zum Truppenübungsplatz, wo ich stationiert war, und kam dort gerade rechtzeitig zum morgendlichen Kasernenlauf an, wo ich dann alle hinter mir nachlaufen ließ. Man hielt mich damals für verrückt. Manche Ausbildner wollten mich trotz allem herausfordern und ließen mich weiterlaufen, während alle anderen Lila Pause hatten. So glaubten sie, mich fertig machen zu können. Aber sie täuschten sich. Ich lief danach sogar noch im Zick-Zack hinter ihnen her, weil überholen durfte ich sie ja nicht. Irgendwann gaben sie auf und es begann.

Da ich der einzige von allen Neueingerückten war, der die Handelsakademie hatte, wurde ich ins Büro versetzt. Das war ein tiefer Schlag für mich und die gesamten Bäume der dazupassenden Umgebung. Ich wollte im Freien sein. Ich wollte zum Moos, zu den Steinen und zu den Fichten. Ich habe ja während der Handelsakademie in den Ferien nie eine Büroarbeit gemacht. Ich war immer nur im Wald Schwammerlsuchen. Ich war wie besessen davon. Ich habe heute noch die Listen bei mir zu Hause, wo ich mir aufgeschrieben habe, wann und wo ich welches Schwammerl als erstes gefunden habe. Das war wie ein Trip - nur halt ohne Drogen. Meistens verkaufte ich dann die Eierschwammerl und kaufte mir dafür Flugzeugmodelle aus dem Zweiten Weltkrieg. Egal. Genug vom Krieg. Zurück zum Militär. Ich wollte auf die Berge gehören, die rund um die Täler herauswuchsen. Hierzu muss ich sagen, dass die Kaserne selber auf tausendachthundert Metern Seehöhe in den Seetaler Alpen lag. Das sind genau die Berge, die ich schon als Kind von meiner Fassade aus gesehen hatte. Ich wollte um keinen Preis im Büro sein. Ich hatte wirklich Angst vorm Büro. Ich hatte Angst davor, Briefe schreiben zu müssen und Telefonate nicht führen zu können. Ich weinte sogar einmal aus Verzweiflung, ein Bürohengst sein zu müssen. Deshalb dauerte diese Zeit auch nur sehr kurz. Ich wurde versetzt. Jetzt durfte ich wieder körperlich sein: Beim Straßenbau, beim Zaunbau, als Absperrposten beim Scharfschießen. Am liebsten mochte ich das Blindgängersuchen. Wir wurden beauftragt, nach Panzergranaten, Atomraketen und sonstiger Munition zu suchen, die nicht detoniert war. Das Gefährliche dabei war, dass sie jederzeit detonieren konnte. Wenn wir genug Blindgänger gefunden hatten, legten wir sie zusammen auf einen Haufen und ein besonders dazu Ausgebildeter bereitete die Sprengung vor. Dann flüchteten wir hinter einen echten Fels oder sonst einem harten Hügel und warten auf den großen Knall. Rrrrrummmms! Da wurde was locker! Achtung, Achtung! Material von oben. Drei Verwundete, fünfzig Tote. Schade. Da wird sich die Mama aber nicht freuen. Diese Sprengungen waren nicht so kleine Furze, wie die Knaller, die wir als Kinder gegen die Krampusse verwendet haben. Da war wirklich was zu spüren. Man kann sich kaum einbilden, was da alles hätte passieren können. Zur Abschreckung zeigte man uns auch Fotos von zerfleischten Händen und verstümmelten Sonstigkeiten, die schon mal vorgekommen waren. Hui, da musste man gleich an den Osterschinken denken.

Acht Monate lang war ich sozusagen in den Bergen stationiert. Eigentlich mochte ich diese Zeit damals sehr gerne. Einige Ausnahmen sind ja immer dabei, aber man brauchte sich um nix zu kümmern und die Berge waren bei mir. Doch irgendetwas in mir wusste bereits, dass diese Zeit zu Ende geht und dass dann das wirkliche Leben beginnt. Ich glaube, heute könnte ich mir nicht mehr vorstellen, beim Militär zu sein, obwohl ich sagen muss, dass mir die regelmäßige Ernährung und das gesunde Rundherum gut tun würden. Ich würde wahrscheinlich sehr absichtlich sein, damit mir der Feind freundlich gesinnt ist und mich auf ein Menü einlädt. Anschließend gibt es gratis Honigkuchen und der Clown kommt auch. Aber damals verlängerte ich nach einem kurzen gescheiterten Versuch als Billa-Filalleiter meine militärische Laufbahn um fast ein weiteres Jahr. Jetzt war ich Schreiber bei der FlAB 2 in

Zeltweg. Schuld daran war eigentlich der Sport und das Unvermögen, mich im zivilen Leben zu stabilisieren. Deshalb bin ich jetzt wahrscheinlich Künstler. Der Unterschied zwischen Künstlern und Militärdienern ist nicht so viel anders. Meistens sind beide Zivilversager. Wenn der Wolfgang Ambros singt „Beim Militär, jo do is er wer", dann gilt das Gleiche auch für die Bühne. Bei meiner freiwilligen Militärverlängerung machte ich aber keine Fortbildungskurse und sah es einfach als Job, wo auch Sachen wie Kloputzen und Kaffeekochen mit HAK-Matura integriert waren. Damals glaubte ich nämlich noch, dass man etwas Besonderes ist, wenn man die Matura hat, und dass es eine Erniedrigung ist, wenn man mit Matura Kloputzen und Gangschrubben muss. Etwas später, nachdem ich bereits einige verzettelte Bürojobs hinter mir hatte, sah ich das dann schon wieder anders. Wenn man nämlich Klo putzt oder Gang schrubbt, so verkauft man damit nur seinen Körper und nicht seinen Geist. Deshalb machte ich etwas später nur noch körperliche Arbeiten. Dabei konnte man denken, was man wollte, und bekam trotzdem nicht viel weniger bezahlt. Wenn man nämlich im Büro arbeitet, verkauft man erstens seinen Körper - weil den braucht man ja zum Sitzen und Computerschreiben - und zweitens auch noch seinen Geist. Trotzdem bekommt man aber nicht das Doppelte dafür bezahlt. Deshalb machte ich irgendwann nur noch körperliche Arbeiten, wie es zum Beispiel sehr typische gibt. Ich stellte mich zwar immer wieder in diversen Büros vor, damit ich mir keine Vorwürfe machen musste, die Handelsakademie umsonst gemacht zu haben, hoffte aber insgeheim immer, dass ich abgelehnt würde. Und das war fast immer der Fall. Ich war ein Wiesel - und ein Wiesel passt nicht in ein Büro. Ein Büro kennt keinen Wind und grünt nicht. Ich war eigentlich für überhaupt nichts Nützliches zu gebrauchen. Am meisten gebraucht fühlte ich mich noch beim Aufbauen von Antiquitätenmessen. Hier konnte ich meine gute Kondition und körperliche Verfassung gebrauchen. Ich glaube, ich habe dort mindestens doppelt bis dreimal mehr Aufstellwände getragen wie jeder andere, der dort des Weges kam. Ich war wirklich ein fleißiger Träger äußerster Tätigkeit. Ich trug auch die Sachen, die die anderen nicht tragen wollten, weil sie zu schwer oder zu verrutschbar waren. Da war ich in meinem Element: Feuer, Erde, Wasser. Ich glaube, ich profitiere noch heute von der körperlichen Verfassung, die ich mir damals zugezogen habe. Leider rauche ich jetzt und esse kein Müsli mehr. Ich machte damals unzählige Jobs, bis mir irgendwann klar wurde, dass man leben und arbeiten nicht trennen darf. Wenn man nämlich acht Stunden schläft, acht Stunden arbeitet und dann noch zum Onkel Doktor geht - wann bleibt dann noch Zeit zum leben? Das sollte sich noch gewaltig ändern. Damals war ich über weite Strecken nicht einmal versichert. Meine Mama weinte oft wegen meinem verpfuschten Leben.

Meine Mama hat schon recht früh bemerkt, dass da irgendein Tick nicht so richtig tackt. Sie hat mir immer wieder vorgeworfen, alles zu extrem zu machen. Aber mein Bruder war da um nix besser. Meine Schwester war viel jünger als wir beide und hatte es bestimmt nicht einfach mit uns. Ich raste mir ihr im Kinderwagen so schnell über den Terrazzo, dass man beinahe glauben konnte, nur einer von vielen zu sein. Vor allem wusste meine Mama oft nicht mehr, was sie mit den vielen Steinpilzen anfangen sollte, die wir aus dem Wald brachten. Man konnte ja nicht jeden Tag Pilze essen. Es gibt im Leben ja auch Zeiten für Schnittlauch und andere Obstsorten. Dann sah meine Mama, wie ich immer dünner wurde. Ich sah aus wie der Suppenkaspar am jüngsten Tag vor seinem Tode. Dann wurde ich immer rumpeliger, weil ich keine Freundin hatte. Wo war die bloß? Aber außer zu den Models aus dem Quellekatalog hatte ich ja kaum Kontakt zu Frauen. Ich war ja weder sexuell missbraucht worden, noch war ich schwul oder durch die vielen Pilze verkehrt pervers geworden. Irgendwann schmuste ich mal aus Neugier mit einer Bekannten. Mir grauste und ich konnte mir gar nicht vorstellen, dass mir das irgendwann mal so richtig Spaß machen würde. Aber es kam. Dazu musste ich aber noch viele unzählbare, peinliche Gemeinsamkeiten erleben. Mit achtundzwanzig Jahren hatte ich dann meine erste Freundin. Mit achtundzwanzig Jahren änderte sich sowieso alles. Da war ich nämlich zum ersten Mal auf einer Kabarettbühne. Da wusste ich, dass ich gefunden hatte, obwohl mich das Kabarett im herkömmlichen Sinn nie interessiert hat und auch heute noch nicht interessiert. Mir ist das meistens zu politisch verorientiert. Wenn jemand Politik machen will, dann soll er doch ins Parlament gehen oder Bürgermeister von Waidhofen werden. Dann kann man zeigen, wie ehrwürdig alles ist. Dann kann man zeigen, wie Politik wirklich funktioniert. Ich interessiere mich ja überhaupt nicht für Politik. Ich kenne die meisten Politiker überhaupt nicht. Und wenn ich sie kenne, dann lasse ich mich nicht mit ihnen fotografieren. Bis jetzt war mir komplett egal, wer dieses Land regiert. Für mich persönlich hat sich dadurch nichts geändert. Ich gehe seit Jahren nicht mehr zur Wahl. Die meisten Kollegen haben sich total über den Regierungsumschwung aufgeregt und haben bis zum Umfallen demonstriert. Mir war das egal. Ich habe sogar mit meiner Parasolia-Freundin eine „Gegendemonstration“ gegen zweihundertfünfzigtausend Leute gemacht. Auf das Transparent haben wir drauf geschrieben „Für Eiernockerl - gegen Frankfurter“. Manche Leute haben gelacht, manche haben uns beschimpft, manche haben sogar gesagt, dass wir Antisemiten seien. Aber vielleicht haben sie das nur gesagt, weil es gut klingt.

Sogar einige bekannte Kollegen aus dem „Kabarett" haben sich darüber aufgeregt. Nicht einmal die haben das verstanden. Die meisten haben ohnehin gegen sich selber demonstriert. Dann haben alle wieder mit dieser Vergangenheitsbewältigungsgeschichte angefangen. Das wundert mich ja am meisten, weil die mehrheitlichen Leute kommen ja nicht einmal mit der Gegenwart zu Recht. So wie ich zum Beispiel. Da hab ich dann keine Zeit, mich um eine Vergangenheit zu kümmern, die schon so lange her ist, dass ich noch nicht einmal auf der Welt war. Aber gut, ich spende zwanzig Euro für den Dreißigjährigen Krieg. Bei mir dauert er nun schon bald sechsunddreißig Jahre. Diesen Krieg möchte ich beenden. Deshalb kann ich hier nur betonen: Moos statt Nervengas und Kohlrabi gegen Atombomben!

Es tut mir wirklich Leid, dass ich hier so viele Worte verschwenden muss, um eine Philosophie durchscheinen zu lassen, die gar keine ist. Wenn mir Zeitungen oft Fragebögen zuschicken mit Fragen wie „Was ist ihre Lebensphilosophie?", „Was würden sie auf eine einsame Insel mitnehmen?" oder „Was bedeutet Glück für sie?", dann denke ich oft stundenlang darüber nach. Die meisten Leute beantworten diese Fragen in fünf oder zehn Minuten. Ich finde oft gar keine Antworten mehr. Einmal da wurde ich gefragt, wen ich bewundere. Als Antwort habe ich geschrieben: „Die Fetten, die Hungernden und die Verkrüppelten". Das wollten die dann aber nicht und nicht abdrucken. Auf die Frage „Was macht dir Mut?" habe ich geschrieben „Die Angst". Weil ohne die bräuchte ich ja gar keinen Mut. Aber auch diese Antworten sind nicht wirklich. Wirkliche Antworten gibt nämlich nur die Wirklichkeit selber, sonst würde sie wahrscheinlich ja gar nicht Wirklichkeit heißen, sonder nur Irklichkeit oder Rklichkeit. Eine Buchstabensuppe ist ja auch noch lange keine Roman.

Einmal da war ich bei einer Diskussion über Europa. Es wurde darüber diskutiert ob die EU nun gut oder schlecht für Österreich ist? Ich habe mir das alles eine Zeit lang angehört und dann kam meine Antwort. Ich wollte wie ein Hund auf allen Vieren über den Platz kriechen und dabei so laut bellen, wie ich nur wollte. Das wäre eine schöne Antwort gewesen, aber da ich ja ohnehin nicht annehmen konnte, dass das irgendjemand verstanden hätte, unterblieb es in mir. Schade, dass man da schon wieder so viel denkt, bevor man handelt. Aber im Nachhinein betrachtet, wäre ich wahrscheinlich der einzige gewesen, der heute noch Recht hätte. Wau, Wau! Hunde mag ich eigentlich ja gar nicht gerne, weil ich immer glaube, dass sie mich beißen. Das kommt noch aus meiner Kindheit. In unserem Ort gab es einen Hund, der fast das halbe Dorf aufgefressen hatte, und der Besitzer sagte immer noch: „Der tut ja nix“. Deshalb nahm ich früher bei meinem Lauftraining immer Deutsche Knaller mit, damit die Hunde wussten, was sie hatten. Da lief ich ja oft an Bauernhöfen und Waldhäusern vorbei, wo man nie wusste, ob ein Bluthund zu Hause ist oder nicht. Trotzdem haben die Tiere Recht. Und nur, weil die Menschen nicht wissen, dass sie selber Tiere sind, brauchen sie nicht zu glauben, dass es der Unterschied ist, der sie trennt.

Ein Kürbis taucht aus der Flasche und die zweitrangige Gebündeltheit entdeckt sich selber neu. Affen tümmeln sich im Gewirr herkömmlicher Röstfrische und das Wort „Schweigen“ erscheint als strahlendes Wurstbanner am Horizont. Die leibhaftige Madonna von Stalingrad betritt in Begleitung mehrer Hundezüchter den stark mystifizierten Raum und taucht ihren Busen in das warme Kompott einheitlicher Weltensüße. Über ihr schwebt in verklärter Weihnachtlichkeit der heilige Geist in parfümierten Filzpantoffeln und einer Stange Marlboro. Zu ihren Füßen liegt ein unberittenes Pferd israelischer Marzipanherkunft. Nun ist es so weit: Ein nostalgisch bekleideter Licht-Astronaut betritt durch die kristallene Hintertüre den roten Weizenteppich und schreitet ehrwürdig durch ein eigens dafür angelegtes Radieschenfeld. Bevor er die flauschige Nabeldecke der strahlenden Madonna zu lecken beginnt, schlüpfen in strahlender Zweisamkeit jeweils drei königsblaue Lustschnecken aus seiner rubinroten Ameisenteigzitadelle. Dahinter wachsen in Sekundenschnelle mehrere Knusper-Schlingpflanzen. Der Sicherheitsabstand beträgt zirka fünf Meter. Noch kann sich das holde Fest seiner frivolen Sittenlosigkeit erwehren, und noch sind die Kanoniere der Straußenkanonen nicht so weit, ihre Pfauenhauben zum Gruß der Göttin in die Aula der Unvernunft zu werfen. Doch bereits ist der Altar geschmückt, um die Jungfräulichkeit der Anemonenmädchen in einen rauschenden Gefühlsbach zu verwandeln. Kommt und feiert mit mir dieses Fest! Es ist das Fest eurer eigenen Begegnung mit dem grundlosen Licht.

Die Königin öffnet die Schenkel und führt uns zurück in die stille Pforte urmütterlicher Trunkenheit. Hier ist er, der Busen der Weltenamme. Leckt ihn und trinkt ihn im Beischlaf der Nachtigallen als auch in der täglichen Arbeit im Büro oder auf der Baustelle. Wer einmal seinen süßen Geschmack gerochen hat, kann ihn niemals mehr vergessen. Er wird ihn selbst auch dann noch finden, wenn der Hamster längst tot ist und das letzte Rettungsauto das Gelände verlassen hat, das man gemeinhin als Universum bezeichnet. Wenn all dies zutrifft, dann bist du dir zum ersten Mal selbst begegnet. Dann hast du auch mich erkannt und in mir den Wurm und die Geißeltierchen auf dem Butterbrot. Wer im Leben kann dir dann noch sagen, was du bereits jetzt schon weißt? Denn wenn du irgendwann selbst ein Bauernhof bist, dann brauchst du dir keinen mehr zu kaufen. Dann bist du selber das Schwein, die Kuh und der Weizen im Silo.

Ich sage euch, der Schwachsinn ist das Gescheiteste, was man sagen kann. Man kann eigentlich alles, was gescheit ist, widerlegen, nur den Schwachsinn hat bis jetzt noch niemand widerlegt. Der Schwachsinn widerlegt sich nämlich selbst. Im Schwachsinn zeigt sich uns die höchste Vernunft der Unvernunft. Er führt uns an die Grenzen des wörtlichen Denkens und bedingt nicht der eingekesselten Naivität menschlicher Logik. Vor der allwissenden Weisheit des Schwachsinnes kann die Vernunft nur zum Gegenteil ihrer selbst werden. Wenn man als Mensch wissen will, wie man aussieht, so muss man dazu in den Spiegel schauen. Wenn also die Vernunft wissen will, wie sie aussieht, so muss sie sich ebenfalls im Spiegel betrachten. Und der Spiegel der Vernunft ist nun mal die Unvernunft. So lange die Vernunft sich selbst erkennen will, wird sie kläglich daran scheitern. Erst wenn die Vernunft aufgibt, kommt die wahre Vernunft zum Vorschein. Wirkliche Vernunft kann auf das Denken vollkommen verzichten. Was gescheit ist und was nicht gescheit ist, steht erst in dem Buch, das erst dann geschrieben wird, wenn keiner mehr da ist. Deshalb sage ich euch schon jetzt, was mein wirklicher Traumberuf ist: Pferd oder Katze. Je nachdem.

Als mein Bruder und ich noch klein waren, haben wir immer mit Nägeln aus der Werkstatt gespielt. Irgendwann sagte dann unsere Oma zu uns, wir dürfen auf keinen Fall die Nägel in die Erde stecken, weil dann gibt es ein Erdbeben in Italien. Ich weiß bis heute nicht wirklich, warum sie uns das erzählt hat, aber zumindest haben wir es damals geglaubt - und umso mehr Nägel in die Erde gesteckt. Ich hatte zwar immer ein komisches Gefühl dabei, weil ich ja schon wusste, dass ein Erdbeben nicht wirklich etwas Lustiges war, aber umso reizvoller war das Ganze. Man hatte fast unbeschreibliche Macht über Italien. Ein Land, das ich damals noch gar nicht kannte. Dieses Beispiel ist ein weiterer Beleg dafür, dass ich auch als Kind schon immer Gefallen daran fand, etwas zerstören zu können. Später, als wir gemeinsam mit unseren Freunden auf die umliegenden Berge kletterten, war es mir immer ein Bedürfnis, riesige Steine ins Tal rollen zu lassen. Es konnte mir nichts mehr Freude bereiten, als zu sehen, mit welch einer Wucht und Gnadenlosigkeit die Steine über alles hinwegbrausten. Man war wie berauscht davon, immer größere Steine und Geröllmassen bewegen zu können. Ich glaube, das würde mir sogar heute noch Spaß machen! Geistig bewege ich sowieso jeden Tag riesige Erdlawinen in meinem Gehirn. Vorerst mal will ich aber versuchen, mir selber jegliche Vorstellung kaputt zu machen - und in weiter Folge auch noch den anderen, falls die sich das so wünschen. Aber ich sehe das durchaus positiv. Das ist mein Dienst an der Menschheit. Das ist meine Theorie der absoluten Befreiung, hin zur totalen Momentanheit. Ich glaube, ich habe bald keine Lust mehr, lustige Dinge auf der Bühne zu erzählen. Ich finde es viel lustiger, wenn alles kaputt ist! Ich habe immer das Gefühl, ich kann den Leuten in meinen Shows noch viel zu wenig Direktheit geben. Man kommt, trinkt, isst, lacht - und geht nach Hause.

Ich möchte das ändern, aber ich weiß noch nicht, wie. Ich würde mir wünschen, dass die Leute am nächsten Tag ihren Job kündigen, ihre Frau verlassen, eine Reise machen oder einen Kuckuck keimen lassen - je nachdem, was sie schon immer machen wollten.

Ich möchte den Leuten und mir selber so viel kaputt machen, dass wir erkennen, dass es sowieso egal ist, ob wir uns irgendwo festhalten oder nicht. Deshalb liegt oft in der größten Verzweiflung die größte Freiheit. Verzweiflung macht frei, und das, was kaputt ist, kann keine Probleme mehr machen. Es muss nur so kaputt sein, dass man es nie wieder reparieren kann. Das, was man nämlich reparieren kann, macht am meisten Arbeit und am wenigsten Spaß! Das weiß ich von mir selber, weil ich mich selber auch ständig reparieren will!

Ich möchte jetzt aus Verzweiflung eine Geschichte schreiben von einem Mann, der mit mehreren anderen Leuten in einem völlig isolierten Raum lebt. Es gibt dort zwar nur künstliches Licht, aber trotz allem kann man in diesem Raum gut leben. Die meisten Menschen in diesem Raum sind auch zufrieden und tun, was alle tun: Aufstehen, essen, trinken, schlafen, U-Bahn fahren und Bürositzen. Andere wiederum legen einen Teich für zahme Nervenfische an und wieder andere hegen zur eigenen Beschaulichkeit die Äste der grünen Wurzelfichten. Dazwischen gibt es einige Feiertage mit gratis Essen und Wahl der Erbsenkönigen. Ein Mann allerdings - er ist ein bisschen ein komischerer - hat plötzlich das Gefühl, dass ihm das alles zu wenig ist, und er beginnt, aus diesem Raum ausbrechen zu wollen. Er läuft im Kreis und sucht nach einer geheimen Tür, die ins Freie führt. Alle anderen lachen ihn aus und erklären ihn für verrückt. „Er soll doch mit dem zufrieden sein, was ist", sagen alle, „weil andere Leute verhungern, haben Krebs oder werden bereits mit einem Rüssel im Gesicht geboren. Die könnten sich aufregen, wie schlecht das Leben ist. Du aber hast alles und bist nicht zufrieden. Schäm Dich!" Trotzdem sucht der Mann weiter und weiter und weiter. Eines Tages, da ist er dann schon so verzweifelt, dass er vor lauter Frust und Nicht-mehr-weiter-wissen gegen die Wand von diesem beschissenen Raum tritt. Und siehe da, die Wand bricht plötzlich auf - und der Mann steht im Freien. Bist du deppert, da geht es hoch nach oben bis zu den Wolken und Sternen! Das ist genau der Punkt, wo ich oft sage: Und plötzlich wird alles orange! Wenn dieser Mann dann wieder zurück in den Raum geht und den anderen davon erzählt, was er gesehen hat, dann werden ihn alle für verrückt halten. Die Leute werden sagen: „Das gibt es alles nicht! Es gibt nur diesen Raum und sonst nix." Eines Tages aber, da wird ein Erdbeben kommen und die Decke vom Raum wird von selber einstürzen. Dann erst werden die anderen sehen, dass der verrückte Mann Recht hatte. Das Erdbeben, das dann kommt, ist aber nichts anderes als der Tod. Weil die meisten Menschen erst im Tod die eigene Fähigkeit zur Transzendenz erkennen.

Diese Geschichte zeigt, dass der Körper nur eine Schachtel ist. Wenn man damit zufrieden ist, dass man in einer Schachtel drinnen lebt, dann ist das ja gut. Wenn man aber nicht zufrieden damit ist, dann beginnt die große Suche. Der Philosoph Schelling würde dazu sagen: „Der universale Wille muss sich über den Eigenwillen stellen." Andere würden sagen, dass man sich vom Individuellen in das kosmologische Bewusstsein entwickeln muss. Aber egal, wie man dazu sagt, eine Schachtel bleibt eine Schachtel!

Wenn man nur ein einziges Mal in der Meditation das erlebt hat, was scheinbar außerhalb der Schachtel ist, dann wird man immer strebsamer danach! Ich bin ja sowieso kein Typ, der sich gerne „besondere" Dinge leistet oder kauft. Ich habe im Leben immer Ziele gehabt, die ich mir nicht kaufen konnte. Autos, Fernseher, Designerklamotten und der ganze andere Rest vom Eiertanz der Multigesellschaft hat mich nie interessiert. Mittlerweile könnte ich mir all das leisten, wovon die meisten Menschen nur träumen: Einen Fäkalienzerkleinerer von Karl Lagerfeld, einen Schlachtschussapparat von Ferrari oder eine Klospülung von Christian Dior. Ich brauche das alles nicht. Ich finde es nur lustig, wie sehr sich manche Leute für diesen Plunder zum Affen machen! Manchmal, da bin ich „beruflich" in teuren Hotels (die bezahle ich aber nie selber) oder sonst irgendwo, wo man „reich" aussehen soll. Dort werde ich dann auf Grund meiner Kleidung öfter gefragt: „Suchen sie jemanden?" oder: „Kann ich ihnen helfen?" Wenn diese Leute wüssten, wie sehr ich sie für ihre goldene Schachtelhülle verwürfle, dann würden sie mich nicht fragen, ob ich jemanden suche, sondern eher, ob ich schon jemanden gefunden habe. Diese Leute wollen gar nicht aus der Schachtel heraus. Nein, sie wollen sogar noch eine zweite, falls die erste mal blöder Weise kaputtgehen sollte! Demnach sage ich immer: „Luxus ist dann, wenn man keinen braucht." Ich mag ja auch gerne meine Ruhe beim Schlafen und nicht mit einem Auto ohne Reifen durch die Gegend fahren. Aber nicht einmal Mozart hat einen Kühlschrank oder eine Dusche gehabt! Ich übrigens lange auch nicht.

Jetzt habe ich das alles. Und ich habe mir auch Immobilien gekauft. Aber wohnen muss man ja sowieso irgendwo, und wenn das Geld nur am Konto liegt, zerfällt es irgendwann wieder zu Aktennebel oder Fischmehl. Mein Opa hätte sich damals schon zweimal im Leben einen Bauernhof kaufen können, aber das Geld ist immer kurz vorher entwertet worden. Die Börsenmakler in New York und Tokyo haben immer nur darauf gewartet, bis sich mein Opa einen Bauernhof kaufen wollte. Kurz bevor er dann den Vertrag unterschrieben hat, haben sie den Weltmarkt zusammenbrechen lassen, sind mit dem ganzen Geld in ein frisch gebackenes Restaurant gegangen und haben dort so lange geschlemmert, bis ihnen das Sauerkraut in den Nieren geplatzt ist. Ein Mann hat sogar noch drei Wochen danach grüne Eiernudeln aus den Frittaten ejakuliert. Das Kind, das dabei herauskam, war der japanische Yen. Bezahlt allerdings hat das alles mein Opa. Deshalb kaufe ich mir lieber Häuser, Kirchen, Paläste und Städte mit meinen Münzen, weil die auch dann noch einen Wert haben, wenn das Geld schon weg ist. Ich habe ja sowieso immer schon lustige Gespräche auf meiner Bank gehabt, weil ich keine Zinsen wollte. Ich habe immer gesagt: „Mein Kapital ist mein Kopf - und nicht sie!" Das haben die dann nie verstanden, warum ich keine Zinsen will, wenn die doch gratis sind. Aber ich tu' mir da wirklich schwer! Ich will auch sonst nix geschenkt bekommen. Nur weil etwas gratis ist, heißt das noch lange nicht, dass es keine Kosten verursacht. Weil das Leben auf der Erde haben wir ja immerhin auch geschenkt bekommen - und so billig ist es dann auch wieder nicht! Egal. Mittlerweile bekomme ich zwei Prozent Zinsen auf mein Sparbuch.

Stellt euch vor, auf dieser Welt würde es nur Millionäre geben. Millionäre, die als Bettler verkleidet sind. Millionäre, die als Putzfrauen verkleidet sind, Millionäre, die Rauchfangkehrer, Könige, Spinnenzüchter oder Erdbeerverdichter sind. Oder auch Millionäre, die einfach nur

Millionäre sind. Millionäre, die verhungern. Millionäre, die lachen, die weinen oder auch nur so tun, als ob sie Millionäre wären. Was wäre dann anders?

Der Mensch kann in seiner individuellen Beschränktheit die Welt nicht erkennen. Deshalb sagt Schopenhauer, dass die Welt nichts anderes ist, als unser Wille und unsere Vorstellung. Unsere Sinne und unser Intellekt sind nicht in der Lage, die Ganzheit des Seins zu begreifen. So lange der Mensch als getrenntes Individuum in der Schachtel sitzt, ist er nur ein Instrument seines Willens. Man will, was man will. Egal, was die anderen wollen. Deshalb ist es gut, dass es einen Staat und eine Regierung gibt, die uns einen Handlungsrahmen vorgeben. Ein Mensch, der sich selbst transzendiert hat und im Sinne des Ganzen handelt, kann darauf total verzichten. Die Massenmenschheit jedoch ist noch nicht reif für die Freiheit. Vorzeitige Freiheit würde sofort in Ausraubung, Lebensmittelstehlung und totale Veranarchierung führen. Der Gesetzgeber hat die schwierige Aufgabe, den optimalen Weg zwischen dem, was sein kann, und dem, was sein darf, herauszufinden. Hier allerdings beginnt schon wieder der vernudelte Weg des Denkens seinen Anfang zu denken, weil niemand weiß, wie viel Gesetz die Freiheit eigentlich braucht, um überhaupt überleben zu können. Was ist gut, was ist böse? Ist nicht die Freiheit selbst erst die Bedingung, die das Böse schafft? Denn wenn alles bestimmt ist, dann ist auch das Böse nicht böse, sondern nur bestimmt. Nur, wenn der Mensch frei ist, kann er sich entscheiden. Wenn aber alle Menschen frei sind, dann sind sie ja schon wieder zur Freiheit bestimmt und sind gerade deshalb wieder bestimmt, obwohl sie frei sind. Wahrscheinlich aber sind nicht alle Menschen gleich frei. Je bewusster ein Mensch wird, umso freier kann er werden.

Vor dem Gesetz allerdings sind angeblich alle Menschen gleich. Das Gesetz muss daher davon ausgehen, dass der Mensch frei ist, denn wäre er das nicht, dann könnte man auch niemanden für etwas verurteilen, wozu er ja letztendlich bestimmt wäre. Darin liegt auch das große Problem des biblischen Sündenfalls. Adam und Eva haben vom Baum der Erkenntnis gegessen, obwohl es ihnen Gott verboten hatte. Da Adam und Eva aber erst zwischen Gut und Böse unterscheiden konnten, nachdem sie vom Baum der Erkenntnis gegessen hatten, hätte Gott sie dafür nicht der Sünde anheim heißen dürfen, da sie vorher ja noch nicht wissen konnten, was Dürfen und Nicht-dürfen ist. Das ist so ähnlich, wie wenn man einen Säugling dafür bestraft, dass er in die Hose scheißt oder zum Nachbarn Papa sagt, obwohl er es vielleicht sogar ist. Deshalb sage ich, dass die Erbsünde gar keine Sünde ist, sondern nur ein blödes Missverständnis, das sich die Kirche unter die Kuppel gerissen hat, um damit die Menschen zu verkleinern, was richtig gesehen ja richtig ist, falsch gesehen aber oft nur richtig interpretiert wird.

Ich habe mich in meiner Schulzeit nie für Bücher oder Lesen interessiert. Ich wusste ja ohnehin, warum und wozu ich auf der Welt war. Als ich mich später nicht mehr auskannte, bin ich dann alleine im Wald gesessen und wollte ein schöngeistiges Buch schreiben. Aber damals hatte ich ja gerade erst Hermann Hesse gelesen. In der Schule habe ich Hesse ja noch gehasst, weil ich nicht verstanden habe, was der eigentlich will. Später hat mir das alles sehr gut gefallen. In der Schule war ich in Deutsch sowieso schlecht. Und Rechtschreiben kann ich heute noch nicht. Deshalb muss dieses Buch unbedingt jemand korrigieren und rot anstreichen. Dann kann er unten eine Note dazuschreiben. Was ich an meiner ganzen Schulzeit im Nachhinein komisch finde, ist die Tatsache, dass ich später all das gemacht habe, wo ich in der Schule schlecht war. In Turnen zum Beispiel habe ich sogar einmal einen Dreier bekommen! Aber gut, meistens bin ich beim Turnunterricht nur genervt gewesen, weil da fast immer nur Fußball gespielt wurde. Das habe ich heute wie damals total gehasst. Ich bin zwar zum Turnunterricht von Rothenthurm nach Judenburg gelaufen - das waren zirka sechs Kilometer - und nach dem Turnunterricht wieder nach Hause, aber während dem Unterricht war ich für nix zu gebrauchen. Ich bin auch kaum von einer Mannschaft freiwillig gewählt worden. Meistens musste mich halt jemand wohl oder übel dazunehmen. Wenn ich im Tor gestanden bin, dann bin ich immer ausgewichen, wenn der Ball zu nahe kam. Ich hatte immer Angst vorm Ball. Auch heute noch fürchte ich mich vor Bällen. Aufsätze schreiben habe ich auch nie gut können, aber dafür schreibe ich jetzt dieses Buch. Mein Schreibstil ist zwar sehr ziemlich und äußerst irgendwie, aber ich habe keine Lust, ein literarisches Nervenkompott oder ein hochwissenschaftliches Buch zu schreiben. Ich will ja gar kein Wissen schaffen. Ganz im Gegenteil, ich will oft sogar noch das bisschen Wissen, das ich habe, abschaffen. Es heißt ja „Wissen ist Macht“ - aber man „macht“ ja eh immer etwas, auch wenn man nichts weiß.

Mein Vater ist eigentlich gesehen das ziemliche Gegenteil von meiner absoluten Beruflichkeit. Zumindest kann er alles machen, was man mit Handarbeit machen kann. Er kann alleine Häuser aufbauen, Gräser mähen und den Garten beackern. Er kann alles reparieren, was die Menschheit in den letzten Jahrtausenden kaputt gemacht hat. Zum Beispiel verstopfte Abflüsse, versprungene Fliesen, heizungstechnische Minderwertigkeiten und

Böden aller Art. Ich kann nichts von all dem. Egal. Trotz der Tatsache, dass es nichts gibt, was er nicht können könnte, hat er ein Leben lang einen Chef gehabt und musste bis zur Pension arbeiten. Ich zum Beispiel bin jetzt schon in Pension und mache das alles nur noch als dazu Ausverwählter, weil es sonst für mich nix zu tun gibt. Mein Vater findet immer und überall eine Arbeit. Immer muss etwas gemacht, verändert oder repariert werden. Manchmal beneide ich ihn sogar darum, weil er sich damit stets Sinn verleihen kann. Mir allerdings fehlt dazu der richtige Blick. Ich denke mir immer nur, wozu? Meistens finde ich dann keinen Grund und lasse alles so, wie es ist. Wie ich meine alte Wohnung ausgemalt habe, da habe ich einfach die Farbe aus dem Kübel auf die Wand geschüttet. Die Farbe ist jahrelang über die Fenster herunter geronnen. Erst als meine erste Freundin bei mir eingezogen ist, habe ich die Fenster geputzt, aber das hat auch nix genützt. Nach einem halben Jahr war ich wieder alleine. Manchmal ärgere ich mich über meinen Nichtstil und meine Geschmacklosigkeit, aber das hilft mir ja auch nicht weiter. All die Sachen, die zur Erhaltung der alltäglichen Existenz führen, interessieren mich eigentlich nicht und bedürfen meinerseits äußerster Kraftanstrengung. Der Alltag ist mein nihilistisches Fitness-Studio! Mein Kühlschrank ist meistens leer und auch sonst ist es bei mir nicht gemütlich. Obwohl ich mir wirklich einen guten Lebensstil leisten könnte, lebe ich noch immer wie ein gescheiterter Existenz-Nymphomane. Ich würde ja oft gerne wollen, dass mir das Essen schmeckt und die Wäsche nach frischen Erdbeeren riecht, aber ich schaff' das irgendwie nicht. Meistens sitze ich ohne direkten Zugriff auf mich selber in der Küche und verwalte die Zeit. Ich bin oft ja nicht einmal glücklich mit dieser Situation, aber ich kann es trotzdem nicht ändern wollen können. Ich fühle mich da oft wie an einer Bushaltestelle, wo noch niemals ein Bus vorbeigekommen ist und auch niemals einer kommen wird, bis man dann eines Tages bemerkt, dass man selber der Bus ist und einfach wegfährt.

Wahrscheinlich bin ich in meinem Kopf ein ziemlich äußerster Mensch. Diese Äußerstheit ist zwar künstlerisch gesehen sehr erfolgsam, kann im wirklichen Leben aber oft zur Qual werden. Aber genau diese Qual ist es dann ja wiederum, die einen immer wieder weitermachen lässt und alles zum Besseren vermarkten will. Es gibt Tage, wo man wirklich versteht, warum manche Leute unter einer Brücke durchgehen und sich überlegen, ob sie nicht hinaufspringen sollten. Aber wozu? Unten ist man sowieso sicherer und braucht keine Flugangst. Nicht möchte ich die Tage zählen müssen, an denen ich einsam und vollkommen entleert durch Städte gewandert bin, ohne zu wissen wohin, warum und wozu. Arbeiten wollte ich nicht, aber nicht beschäftigt sein wollte ich auch nicht. Ansonsten war auch nichts. Warum da irgendwann aus diesem ganzen Strudel etwas Lustiges herausgekommen ist, weiß ich selber nicht so genauestens. Aber wahrscheinlich war es die reine Not am Verzweifeln. Wenn eh sowie schon alles im Arsch ist, dann kann gleichzeitig wieder alles lustig sein. Ich glaube, es war die reinste Verzweiflung, als ich irgendwann mit dem Malen begonnen habe. Nachdem ich ja während der ganzen Handelsakademie kreativ entweiht worden bin, hat sich da anscheinend mehr aufgestaut, als ich selber vermutet hätte. So ging ich eines Tages in Graz in ein Farbengeschäft und kaufte mir einige Dosen Acrylfarben und viele Malkartons. Zu Hause schüttete ich dann wie ein wild gewordener Schlüsselkäfer mein ganzes Dachzimmer voll mit Farben und schlug mit den Schuhen drauf. Alles, was irgendwo greifbar war, musste als Pinseltransplantat herhalten. Als die Kunst fertig war, betrachtete ich sie im Großen und Ganzen. Es war ziemlich viel Mist dabei, aber manche Blätter trugen schon die ersten Keime von farblicher Sicherheit in sich. Manchmal spielte ich mit meinem Schlagzeug Rhythmen auf eine Kassette und versuchte, diese zu malen. Ich glaube, ich nannte das damals „expressionistischer Rhythmizismus“. Noch heute habe ich einige Blätter von damals herumliegen. Im Gegensatz zur heutigen Zeit verschenkte ich früher die meisten Bilder an andere Menschen mit Bedürfnissen.

In meinem künstlerischen Erwachensdurchbruch wollte ich natürlich meine Bilder sofort irgendwo ausstellen und machte deshalb bei einer großen Bank einen Termin mit einem Kunstsachverständigen aus. Ich präsentierte ihm stolzerdings meine diesseitige Kunstmappe und erhielt auch gleich die richtige Antwort. Der Sachverständige meinte, es sei ihm doch etwas zu bunt und meine Kunst würde nicht so recht in die passende Bank passen. Gut, so war das halt mal, aber so schnell konnte man mich nicht entkünsteln, und so machte ich meine eigene Ausstellung. Es kaufte dort zwar niemand etwas, aber ich freute mich mehr und machte freundlicher Weise weiter. Noch heute habe ich viele dieser Bilder in meinem Atelier lagernd. Irgendwann werde ich sie ihrer zugeteilten Bestimmung anheim weisen. Trotzdem ist hier nun auch gleich die Zeit zu sagen, dass es nicht viel Sinn hat, wenn man im Leben von irgendetwas träumt. Von einem Traum wird man nämlich bestimmt irgendwann aufwachen. Deshalb ist es besser, wenn man eine Vision hat. Eine Vision erfüllt sich hundertprozentlich immer, sonst wäre es ja keine Vision, sondern wieder nur ein Traum. Ich habe schon damals gefühlt, dass ich irgendwann auf einer Bühne mit Kunst, Musik und zeitgemäßer Mimik Kreativität machen werde. Damals allerdings dachte ich noch in keinster Weise ans „Kabarett“, weil ich ja fast nur traurige Lieder schrieb und keine Ahnung hatte, was ich noch alles durchleiden musste, bis ich den Rest dazu erfand. Das war ja gerade erst die Zeit, wo ich vom normal-menschlichen Bewusstsein in das individuelle Bewusstsein übertrat, ohne dabei auch nur sehr jemals zu sein. Zur selben Zeit lernte ich Schlagzeug am Konservatorium in Graz, arbeitete bei einer Anzeigenzeitung als Anzeigenschreiber und spielte in einer Rockband und einer Tanzband. Eigentlich wollte ich aber eher Liedermacher sein, und mein Vorbild damals war Reinhard Fendrich. Noch heute habe ich unzählige Lieder und Texte aus der damaligen Zeit in meiner Schublade, die auf einen Hit warten. Bei einem Liedermacherwettbewerb erreichte mich irgendwann der siebente Platz. Ich fühlte mich ungerecht behandelt und schrieb noch viele, viele weitere Hits, die bis heute noch keine Sau kennt.

Eines Tages dann saß ich völlig verzweifelt am Rathausplatz in Wien und wusste, dass es so nicht weitergehen kann. Niemand wollte mich. Niemand interessierte sich für meine Lieder. Aber ich war ja schließlich mit Koffer und Gitarre nach Wien gekommen, um diese Stadt niederzureißen und total neu zu etablieren. Ich verließ keinen Versuch dazu aus, wenn es manchmal auch noch so peinlich und aufdringlich war. Ich hatte meine Vision. Ich platzte einfach in Musikstudios hinein und zwang die Leute dazu, meine Lieder anzuhören, egal ob sie wollten oder nicht. Sie hatten keine andere Wahl. Die Zeit lief mir hochkantig davon und meine Mutter verzweifelte immer mehr an meinem Nichtschicksal. Eines Tages stoppte ich von Wien nach Hause in die Steiermark und ging die letzten sieben Kilometer zu Fuß. Meine Eltern fuhren gerade vom Einkaufen nach Hause und mein Vater sagte: „Schau', da oben geht auch ein Sandler.“ Darauf sagte meine kleine Schwester: „Papa, das ist ja der Alf!“

Damit man mit seinen eigenen Augen etwas besser sehen kann, wie es mir damals ging, möchte ich hier kurz eine dazu passende Buchstabenkombination aus meinem Tagebuch vorlesen: „Diese Tage sind schrecklich. Vierundzwanzig Stunden alltägliche Sinnlosigkeit. Kann sich nicht irgendwann mal ein Licht auftun? Wie lange werde ich noch in diesem Strudel verharren müssen? ICH WILL RAUS - kein Geld, keine Liebe, kein Job - völlige Einsamkeit und Isoliertheit begleiten mich Tag für Tag."

Hui - da möchte man lieber gleich jemand anderer sein. Zum Beispiel ein großer Star, den jeder kennt und den alle lieben. Aber ich sage euch, auch das ändert nicht viel. Der Gehsteig, auf dem man steht, bleibt immer derselbe. Die Würstel am Stand sind deshalb auch nicht vegetarischer und die Bäume rauschen sowieso immer nur dann, wenn sie gerade Lust dazu haben. All diese Fluchtmechanismen, die man im Laufe eines Lebens aufbaut, führen in dieselbe Sackgasse. Egal ob man Birkendirektor ist oder Luftschneckenzüchter, der Wirklichkeit kann man nicht entkommen. Die Wirklichkeit ist die größte Drecksau, die auf dieser ganzen Erde überhaupt herumkriecht. Sie macht immer, was sie will. Sie fragt nicht, ob uns etwas Recht ist, oder ob wir es doch gerne lieber anders hätten. Sie tut das, was sie tun muss, und sehr oft tut sie uns einfach nur weh. So weh, dass man manchmal lieber nur ein Dreieck wäre oder auch nur ein stummes H. Wenn ich mir überlege, wie viele Tage ich in meinem bisherigen Leben schon jenseits der seelischen Verträglichkeitsgrenze verbracht habe, dann wundert es mich wirklich, dass ich ausgerechnet Komiker geworden bin und nicht Dramatiker, Gruftbesitzer oder Bestattungswageninsasse. Ich hab' da einmal etwas gelesen, wo jemand gesagt hat, er würde sich wünschen, dass Gott existierte, dann könnte er ihm wenigstens ins Gesicht spucken für das, was er hier verbrochen hat. Mit diesem Satz hätte ich schon an so manchem Tag eine wirkliche Freude gehabt! Zum Glück aber kann sich das Leben manchmal sehr schnell ändern. Namaste - wenn ihr wisst, was ich damit meine?

Allerdings muss ich hier gleichzeitig auch dankend erwähnen, dass ich während meines bisherigen Erdenverweilens von allen großen Schicksalsschlägen großräumig umfahren worden bin. Mein Schicksalsschlag ist eher das Leben selbst. Vielleicht aber bin ich nur zu wohstandsverwahrlost, um zu erkennen, wie gut es mir eigentlich geht. Im Krieg, da würde ich sicher anders denken. Da würde ich nackt ums Überleben kämpfen und hinter meinem Arsch da würde es rauchen. Zum Beispiel wegen dem Giftgas. Egal. Im Frieden ist das Überleben schon ein bisschen schwieriger. Da muss man dann schon wieder wisen, wozu man überleben soll. Komisch: Zuerst, da überlebt man - und dann weiß man nicht wozu. Vielleicht ist es einfach so, dass der Sinn des Lebens das Überleben selbst ist. Sobald man dann aber endlich so weit ist, dass man überleben kann, wird es sinnlos. So lange es demgemäß Sinn hat, macht es keinen Spaß, und erst dann, wenn es beginnen würde, Spaß zu machen, hat es keinen Sinn mehr. Egal, der Sinn interessiert mich ohnehin nicht mehr. Sinn ist eine Kategorie des Geistes und nicht der Wirklichkeit selber. Da aber niemand so genau weiß, was dic Wirklichkeit ist, möchte ich an dieser Stelle gleich betonen, dass mir die konstruktivistische Philosophie beim Buckel hinunterrutschen kann. Ob mein Haus wirkliche Wände hat oder nur so tut, ist mir ziemlich egal. Hauptsache, es kann niemand gratis durchgehen und das stoffliche Gebäude schützt mich vor frischen Hunden und der öffentlichen Beschaulichkeit.

Eigentlich bereue ich (ausgenommen der Tatsache, dass ich Raucher geworden bin) bis jetzt nichts, was ich in diesem Leben gemacht habe. Viel eher bereue ich das, was ich nicht gemacht habe. Aber auch daraus habe ich nicht viel gelernt, denn auch jetzt mache ich vieles nicht, was ich eigentlich machen könnte, weil ich zu feig, zu verstrickt oder zu zu dafür bin. Um all dies loszuwerden, schreibe ich dieses Buch. Es hat einen kultisch rituellen Charakter für mich. Seit siebenunddreißig Jahren nun laufe ich schon mit dem Kopf gegen die Wand. Das muss irgendwann ein Ende habe. Egal ob berühmt, total oder einfach nur so, die Grundprobleme der Existenz lassen sich nicht einfach wegkaufen und schon gar nicht wegleugnen. Eines meiner größten Probleme im Leben war und ist immer wieder meine verschiedenartige Abgekapseltheit. Ich weiß manchmal nicht mehr, mit wem ich sozial sein soll. Plötzlich wollen alle, und dann will wieder mal keiner. Ich arbeite ja nicht in einem Großraumbüro oder treffe mich täglich zur privaten Misswahl. Wenn man aber all das, was einem den Kopf entgleisen lässt, immer wieder nur mit sich selber ausradieren muss, dann kann das manchmal anstrengender sein als ein Schienbeinbruch oder ein Lackschaden im Gesicht. Die meisten Menschen haben ja gar nicht so viele Probleme, wie man in der U-Bahn vermuten würde. Meistens gibt es eher ein einziges großes Lebensproblem, das dich das ganze Leben lang verfolgt. Manchmal glaubst du schon, du bist es los, aber dann kommt es dir auf der anderen Straßenseite wieder entgegen. Man erkennt es vielleicht erst gar nicht, weil es plötzlich aussieht wie ein Hund oder eine Dunkelbiene, und behandelt es wie einen Fremden, der zufällig vorbeigeht. Plötzlich aber packt er dich am Arsch und zerrt dich in eine dunkle Nebengasse. Du entkommst ihm immer wieder, bis du eines Tages in eine Sackgasse gelangst. Dann wird es eng. Dann bist du endlich selber das Huhn, das nun entscheiden muss, ob es lieber zuerst selber da war, oder ob es nicht doch vielleicht lieber ein Ei sein will. Das sind die Situationen im Leben, wo man nicht mehr weiß, ob der Tag in seiner Helligkeit heller ist als die Nacht in ihrer Dunkelheit dunkel. Nur, wenn man sich dieser Situation stellt und sich sogar noch freiwillig in diese Sackgasse hineinoperiert, dann kann man das Problem endgültig lösen. Ansonsten kann man nur auf den Tod warten, aber der löst ja bekanntlich nicht nur dein Problem, sondern auch gleich dich selber. Deshalb sind wir ein ganzes Leben lang immer in einem kaffeeähnlichen Zustand: Leicht löslich!

Dieses Buch soll ja nicht nur meinen eigenen psychischen Tod herbeiführen, sondern auch diejenigen trösten, die in derselben Soße rösten wie ich. Worte können trösten und Blicke können töten. Weil ich aber nicht immer jeden einzelnen von euch anschauen kann, muss ich Worte dazu verwenden. Meine Worte schauen euch dann an, damit sie zu Blicken werden. Blicke, die einen Prozess auslösen: Du gegen die Welt. Das Problem dabei ist, dass die anderen immer in der Überzahl sind. Von dir gibt es immer weniger als von den anderen. Du hast verloren. Du kämpfst weiter. Doch wer kämpfen kann, der ist noch nicht tot. Erst wer tot ist, kann nicht mehr kämpfen. Und erst derjenige, der nicht mehr kämpft, kann in Frieden leben. Hört sich doch sehr einfach an, ist aber tatsächlich sehr schwierig, weil man dabei ja selber Angreifer und

Verteidiger gleichzeitig ist. Da hat das Gehirn schon mal was zu tun, um sich damit abfinden zu können. Da hat die ganze westliche Logik plötzlich keinen Zweck mehr in der Tasche. Wenn zwei Hirsche ein Leben lang miteinander kämpfen und am Schluss draufkommen, dass sie eigentlich nur ein durchgedrehter Jäger sind, dann ist das so unlustig, dass man nur darüber lachen kann. So lange man etwas ändern möchte, wird sich nicht viel ändern. Erst wenn man nichts mehr ändern möchte, wird sich dasjenige zeigen, das noch keinen Namen hat. Man kann die Menschen sehr einfach traurig machen - dazu genügt meistens schon, dass man die Wahrheit über sich selbst kennt. Mit dem Glück ist es da schon ein wenig schwieriger. Da gehört schon eine Portion Glück dazu, dass man das erleben darf. Zum Glück seid ihr ja nicht alleine auf der Suche und unmöglich ist es ja nun auch wieder nicht. Wenn man ein Käfer werden möchte, dann ist das bestimmt aussichtsloser. Arthur Schopenhauer hat einmal gesagt, dass es nur zwei Dinge gibt, die unendlich sind: Das Universum und die menschliche Dummheit. Ich aber sage euch, dass genau darin die große Chance zum Glück verborgen ist. Nämlich zum Einssein mit dem Universum! Was letztendlich mit dem Universum verschmilzt, spielt ja keine Rolle. Hauptsache es passiert. Da nehme ich gerne in Kauf, dass durch meine Dummheit das ganze Universum ein bisschen blöder wird.

Wie ich mit zweiundzwanzig Lebensjahren von mir zu Hause nach Graz gekommen bin, haben sich interessante Dinge an meine eigene Seite gestellt. Meine Feindbilder bis zu diesem Lebensalter waren so Leute wie Nina Hagen, Drahdiwaberl, Heavy Metal etc. und alles andere, was ich heute meine Freundlichkeit nenne. Doch plötzlich begann sich der Spitz zu winden. Ich begann mich für Lokale zu interessieren, wo Leute drinnen waren, die schwarz angezogen waren, und wo Musik gespielt wurde, die von je her anders war als diejenige, die ich bis zu diesem luxuriösen Datum gehört hatte. Aufgewachsen bin ich in einem Dorf, wo es jedes Jahr ein Feuerwehrzeltfest und ein Zeltfest des Musikvereines gab. Da sah ich dann eines Tages meine erste Live-Band. „Die lustigen Judenburger". Ich war so begeistert, dass ich das unbedingt auch machen wollte. Den ganzen Abend, so lange ich eben Ausgang hatte, stand ich neben der Bühne und bestaunte den Schlagzeuger. Es war das Größte für mich, wenn ich für ihn ein Getränk holen durfte. Ich wollte irgendwann so sein wie er. Mit zirka vierzehn Jahren kaufte ich mir dann mein erstes Schlagzeug. Ich glaube, ich habe damals die ganze Siedlung schwerhörig getrommelt. Egal, ich wollte mindestens so gut werden wie der Schlagzeuger von den „Lustigen Judenburgern". Mein Bruder spielte Gitarre. Meine erste Band war komischer Weise eine Band, wo wir nur Nummern von den Beatles nachspielten. Dabei mochte ich die Beatles gar nicht. Ich wollte lieber Schlager spielen. So gründeten wir eine Schlagerband. Wir nannten sie „Domenica", ohne zu wissen, dass das die bekannteste Hure Deutschlands war. Keiner von uns hatte einen Führerschein. So wurden wir manchmal von den Eltern oder vom Vater des Keyboarders mit dem Feuerwehrauto abgeholt, wenn wir Auftritte hatten. Wir freuten uns wie die Wahnsinnigen über jede Hochzeit und über jeden Ball, den wir spielen durften. Leider - so musste ich damals feststellen - war das Schlagzeug damals am Land noch kein wirklich „gesellschaftsfähiges" Instrument. Bei den Volksmusikliedern durfte ich deshalb oft nicht mitspielen. Einmal am Abend jedoch, da durfte ich ein Schlagzeugsolo spielen. Darauf wartete ich immer schon den ganzen Abend. Nachher war ich aber nie zufrieden mit meinem Können, obwohl ich irgendwann sogar zu einem der besten Trommler in der waldreichen Judenburger Umgebung wurde. Irgendwann sah ich dann die ganzen Schlagzeugübertypen wie den Billy Cobham oder den Vinnie Colaiuta. Da war ich so frustriert, dass ich irgendwann mit dem Üben aufhörte. Ich glaube, ich verdanke viel von meiner geistigen Einstellung dem Schlagzeug, denn je mehr ich am Schlagzeug übte, umso mehr fiel mir auf, dass ich mein „Können" bei den üblichen Tanzmusikgruppen ja gar nicht anwenden konnte. Also begann ich, nach Musikrichtungen zu suchen, wo ich auch die Rhythmen spielen konnte, die ich übte. Da konnte es schon mal vorkommen, dass ich bei ganz normalen geradlinigen Schnulzen irgendwelche Funky-Beats oder Jazzphrasen einbaute. Die Leute auf der Tanzfläche wurden dadurch natürlich total aus ihrem Hatsch gebracht und schauten total entrhythmisiert, weil sie ja außer ihrem vermaledeiten Humtata-Gedudle nichts anderes kannten.

Irgendwann wurde mir dann diese ganze Hochzeit-Schnulzen-Schunkel-Komödie zuviel und ich ging zu einer Rock-Band. Dort drosch ich mit nacktem Oberkörper so auf mein Schlagzeug ein, dass bestimmt keiner vermutet hätte, dass ich vor kurzem noch im weißen Hemd und Silber-Jackett beim Pfarrball in Sankt Irgendwo die Kommunion geröstet hatte. Dadurch eröffnete sich für mich auch ein neuer geistiger Horizont. Ich traf plötzlich ganz andere Leute und hörte Musik, die ich kurz davor noch abgrundtief verhasst hätte. Ich wurde ein anderer Mensch: Ich wurde zum Nachdenker und Sinnsucher, zum Außenseiter und Nachtschwärmer, zum existenzialistischen Lebenseunuchen zwischen „Auf geht's Buam" und „Fuck you all". Und das alles wegen einem kleinen roten Holzschlagzeug.

Oft wurde ich schon gefragt, wer oder was ich eigentlich wirklich bin. Nun ist es so weit, euch das hier kundzutun: ICH BIN EIN PRINZIP! Mich gibt es nur noch als Prinzip mit Konsequenzen. Genauso wie ein Tisch nur ein Prinzip seiner selbst ist, so bin auch ich nur mein eigenes Prinzip. Es gibt zum Beispiel das Prinzip „Auto", das Prinzip „Tisch" oder das Prinzip „Feigenbaum". Durch mich gibt es nun auch das Prinzip „Alf". Dazu gehört alles, was meinerseits jemals stattfindet. Die Grundlage meiner Prinzipidee ist ja die, dass eigentlich nichts ist, sondern dass die Dinge eigentlich immer nur stattfinden. Die Häuser finden statt, die Igel und die Raupen finden statt. Aber auch ihr und ich finden nur statt. In dieser Stattfindung gibt es mich als sexuelle Königin der Orangen, als Befreier der vernagelten Suflaki-Dichter, als Richter über die Vermehrung, als Tisch, als Sportapfel, als Blümchenfürsten, als Zitrusmanager oder einfach nur als Brot oder Publikum. So gesehen sind sogar Berge und Landschaften nichts Fixes. Sie sind bestenfalls das, als was sie uns gerade erscheinen. Mich würde es deshalb nicht wundern, wenn in einigen Jahren am Himalaya statt dem Gipfelkreuz ein Swimmingpool stehen würde. Oder eine Waschmaschine mit Schüttelgarantie und Maisvereisung.

Ich muss mich hier auch gleich einmal dafür verentschuldigen, dass ich das alles hier ein wenig außer der normalen Zeit schreibe. Manchmal schreibe ich etwas von meiner Kindheit und im nächsten Moment schreibe ich etwas aus meiner Jetzt-Zeit. Aber da müsst Ihr euch keine Sorgen machen. Ich will das so wollen müssen. Zeit ist ja ohnehin nur diejenige Begrenzung, ohne die sie selber nicht vergehen könnte, falls sie das überhaupt tut. Was sind schon zwanzig Jahre im Vergleich zur jetzigen Minute? Was sind schon fünfzig tote Saurier gegen eine lebendige Katze? Was sind schon wir gegen uns? Die Zeit schleicht durch unsere Körper wie ein zusammengefalteter Schmetterling. Irgendwann macht er die Flügel breit und fliegt davon. Seht doch die Tulpe. Sie macht sich keine Sorgen um ihren Geruch. Genauso wenig schert sich ihr Geruch um die dazupassende Färbigkeit. Irgendwie passt immer alles zusammen. Und wenn die Tulpen irgendwann vielleicht einmal nach Erdbeeren duften, dann sollten wir sie auch nicht dafür verurteilen. Nein. Wir machen dann Eis aus ihnen und essen sie gemeinsam mit dem Schlagobers, der nach Fichtenhain duftet. Dann bin ich zumindest wieder dort, wo ich als Kind schon immer war. Im Wald, im Wald, im Wald. Dort hätte ich mir als Jugendlicher immer gewünscht, dass mich eine reife Frau verführt, aber ich traf immer nur Jäger und Holzknechte. Trotzdem - ich liebe den Wald. Als Kind hatte ich oft Angst, alleine in den Wald zu gehen. Ich wollte manchmal Schneckenhäuser suchen, aber niemand wollte mit mir gehen. So stand ich am Waldrand und wagte mich nicht hinein. Aber auch heute, muss ich ehrlich zugeben, habe ich am Abend, wenn es ganz finster ist, im Wald oft noch ein komisches Gefühl. Dabei will er mir ja nur helfen und mir nichts Böses tun.

Eigentlich habe ich hier wenig Lust darüber zu schreiben, wie eigentlich alles genau gewesen ist damals. Die Leute wollen von mir immer wissen, wie man Kabarettist wird. Aber das weiß ich auch nicht so genau, weil ich ja gar keiner bin. Ehrlich gesagt ist dasjenige, was ich in meinen Programmen darbiete, meistens nur der „Abfall“ meiner wahren Gehirntätigkeit als Sucher des universellen Willens. Das Problem beim Willen ist halt eher das, dass man damit fast alles erreichen kann, außer die Auflösung seiner selbst. Wenn man Elektriker werden möchte, so kann man das mit ein wenig Willen schon schaffen. Dasselbe gilt für alle weiteren Berufe der schaffenden Zünfte und sonstige Tätigkeiten im Felde der vorhandenen Grundeigenschaften. Nicht jeder kann einen Marathon gewinnen oder Weltmeister im Rollmopsdichten werden, aber er kann zumindest die jeweilige Tätigkeit so ausführen, dass eine Leistungssteigerung zu verzeichnen ist. Die Endigung seines eigenen Willens hingegen ist ja kein Prozess. Entweder es gibt ihn - oder es gibt ihn nicht. Das Problem ist, dass man mit dem eigenen Willen den eigenen Willen ja nicht abschaffen kann. Sobald man ihn nämlich abschaffen will, gibt es ihn gerade dadurch ja schon wieder. Was also soll man also tun, um konkret vom Eigenwillen in den universellen Willen zu gelangen? Das Schöne beim universellen Willen ist die Tatsache, dass man dann nicht mehr selber leben muss. Man wird dann gelebt. Etwas lebt dann durch uns durch und verwirklicht genau das Prinzip, von dem ich vorher gesprochen habe. Der Universelle Wille ist zweifellos die praktischste Seinsform der menschlichen Totalwerdung. Man braucht sich um nichts mehr zu kümmern, weil „es" sich um einen kümmert. Der Eigenwille hingegen muss sich um jeden Mist selber kümmern. Da geht sehr viel Zeit drauf, die man sonst viel besser verschwenden könnte. Im Endeffekt allerdings macht es von außen betrachtet wenig Unterschied, ob ich nun aus dem Eigenwillen heraus die Kastanien löte oder ob sich der Universelle Wille anstatt meiner diesen Unsinn ausgedacht hat. Wer sich darüber aber keine Gedanken machen mag, der kann ja lieber schwimmen gehen oder reiten. Was gibt es schon mehrheitlicheres, als wie wenn eine schöne Frau nackt mit einem schwarzen Pferd durch einen mystischen Wald reitet. Sie trägt nur einen schwarzen Schleier, der hinter ihr im Wind hinterweht. Ihr Blick ist derjenige einer hohen Priesterin mit Schwert und Kelch der Verschwörung. Sie reitet nicht um des Gefallens Willen. Sie reitet um ihres Prinzips Willen. Schwarz leuchten ihre Augen als Metapher der Finsternis und des Lichtes zugleich. Wenn der Mond scheint, verwandelt sie sich in eine schwarze Krähe und fliegt den Flug der Unersättlichen. Wer sich ihr nähert, wird mit dem Schwert ihrer Blickeslust getötet und leidet sein weiteres Leben unter starken Sittenschmerzen. Es gibt keinen Gebieter über sie und kein Gesetz. Aus dem Gebüsch heraus tritt plötzlich ein dunkler Clown mit einer Wasserpistole. Schups - schon ist er tot. Sie versteht keinen Spaß, denn ihr Leben ist das bereits Überstandene. Sie lebt nicht in der Zeit, in der wir glauben zu leben. Sie ist eine der Nachtfahrenden. Tagsüber sitzt sie im Büro und verkauft die Gehälter der Normalmenschen. Am Abend aber taucht sie ins Nirgendwo und kennt weder Gesetz noch Ordnung. Sie lebt außerhalb jeder Vorstellung.

An dieser Stelle nun spreche ich von allen Dogmatikern und realitätsgeilen Wirklichkeitsfanatikern. Sie alle haben es verloren, unbewohnte Räume zu betreten. Räume, die sich jenseits unserer Zeit und Wirklichkeit auftun. Räume jenseits von Schrauben, dezenten Badezimmerfliesen und Pensionsvorsorge. Es gibt sie. Sie zu verneinen heißt, sie nicht sehen müssen zu wollen, beziehungsweise, sie nicht wahrnehmen können zu wollen. Es gibt ein Land der lückenlosen Fantasie jenseits der gestörten Universitätsgeistigkeit. Es zu betreten heißt, die Vernunft hinter sich zu lassen - und sich öffnen für eine neue hypergesteuerte Übervernunft. Sie nämlich ist das, was unserer Gesellschaft Angst macht. Mit allen Mitteln versucht man in Schulen, öffentlichen Geistestoiletten, Kindergärten und sonstigen Verziehungsetablissements die Rationalität unserer verblödenden Leistungsgesellschaft zu festigen. Man gießt die Blumen nicht mit Wasser, sondern mit Steinen. Dann wundert man sich, wohin das ganze Grün verschwunden ist. Man setzt den Kindern anstatt des eigenen Bewusstseins einen lieben Gott vor die Linsen und hofft, dass sie deshalb bessere Menschen werden. Ein Mensch, dessen Bewusstsein sich nie erweitern darf, wird irgendwann abstumpfen und zu dem werden, was er nie werden wollte. Hauptsache, man kann gemischtquadratische Gleichungen lösen und weiß, dass das endoplasmatische Retikulum ein wichtiges Zellorganell ist. Dann erklärt man den Kindern noch zusätzlich, dass man das alles Wissen nennt - und dass man ohne Wissen bestenfalls Straßenkehrer werden kann oder Angestellter von einer Mistkübelfirma. Die armen Kinder glauben das auch noch alles und machen fleißig mit, weil sie glauben, dass Personalchef oder Bankdirektor besser ist als Straßenkehrer. Diejenigen, die den ganzen Mist schnell und leicht lernen, haben es ein bisschen leichter. Was aber passiert mit denen, die nicht wollen oder nicht können? Erst gestern habe ich im Fernsehen gesehen, dass sich ein fünfzehnjähriges Mädchen vor den Zug gelegt hat. Die Lehrer, die Schulkollegen und die Eltern sind völlig ratlos. Ich nicht! Wie soll man in dieser total rationalisierten Hyperwelt auch noch Sein finden können? Die Wurzeln werden uns ja schon im Kindesalter abgeschnitten. Und dann soll man vielleicht auch noch irgendwann blühen? Wie lange will man noch die Zeit derer verschwenden, die keine haben? Warum zeigt man den Kindern nicht, wie sie am besten sie selber werden können? Warum will man, dass sie jemand anderer sind? Vor allem: Wer will das? Hier möchte ich ein Gegenpol sein. Deshalb sehe ich es auch als meinen selbst verfügten Auftrag, die Gesellschaft zu entrationalisieren und Platz zu machen für innere Welten, die sich bestimmt nichts mehr wünschen, als wieder existieren zu dürfen. Ein guter Tipp dafür ist, dass man sich der vollen Länge nach ins Moos legt und verschwindet. Wenn man dann zurückerwacht ins normale Bewusstsein, hat man bestimmt noch die selben Füße und Ohren, nur die Lebensdirektheit ist dann wieder frisch. Dazu brauchst du nicht einmal Drogen. Es genügt schon, wenn du die Nase von all dem unnützen Kram bis zur Körpermitte satt hast. Wenn du nicht mehr weiter weißt, dann ist das ein sehr gutes Vorzeichen für ein gelungenes Liegen im Moos. Vom Moos kann man nämlich sehr viel lernen. Wenn man erst mal seine Sprache versteht, dann geht es steil bergauf. Wenn man dann eines Tages vielleicht sogar selber grün wird, hat man es endgültig geschafft! Jetzt kann man selber so leben wie das Moos: Total grün und super weich.

Ozeanische Erlebnisse sind meine insgesamten Lieblingserlebnisse: Ich hänge an einem Trapez. Unter mir ist der ewig weite Ozean. Es ist der Ozean der Realität, aber auch der Ozean des total weiten Unterbewussten. Meine Aufgabe nun ist es, das Trapez, an dem ich hänge, loszulassen. Ich weiß, dass es das einzig wirklich Notwendige ist. Dann wache ich auf und bin total ozeanisch. Das Ozeanische selbst ist schwierig zu beschreiben, weil es ein Teil von einer anderen Welt ist, die jedoch unsere Welt ist. Das Ozeanische ist das, was immer hier ist. Das Ozeanische ist das, was nicht vernichtet werden kann. Es ist dasjenige, das auch dann noch hier ist, wenn nichts mehr hier ist. Das Ozeanische ist dasjenige, wonach sich jeder Mensch im Original sehnt. Das Ozeanische ist dasjenige, das das Gras mit den Vögeln und den Straußenfarmen von Australien verbindet.

Bestimmt werde ich bald ein Lied schreiben, das ich auf Ozeanisch singen werde. Das Ozeanische ist eine Sprache, die der Sprache der Tiere nicht sehr unähnlich ist. Es ist eine totale Momentsprache mit Wortknospen aus der unvergesslichen Muttersprache.

Jetzt bin ich schon fast ein weniglich vom Thema abgekommen, weil dieses Buch ja eigentlich ein Sterbebuch ist. Sterben heißt ja nicht nur, dass die Vergangenheit von einem Menschen oder einem ähnlichen Tier stirbt, sondern auch die gesamte Zukunft mit Ausbildung und der Chance auf Verbesserung der Gesamtsituation. Auch Schamanen gehen in Höhlen, um dort als „Neugeborene" den Schoß der Erde wieder zu verlassen. Deshalb ist der Zweck von diesem Buch auch, dass alles, was ich mir für die Zukunft vorstelle, verschwinden muss. Aber hier muss ich lobenswert erwähnen, dass ich da ja gar nicht so große Pläne habe. Familie mit Kindern habe ich bis jetzt noch keine, und das ist bis jetzt auch nicht mein Wunsch. Lieber habe ich Freundinnen, mit denen ich herumhängen kann, wo immer ich bin. Jedes Mal, wenn man eine neue Freundin hat, dann hat man auch ein neues Umfeld zum Weiterleben. Ich mag das sehr gerne, wenn ich sehe, wie sie wohnt und was sie so macht. Es taucht immer eine neue Welt auf und besorgt einem dabei die Information für die zweiseitige Lebensweise. In meiner Jugend hatte ich dazu ja kaum die Gelegenheit. Mittlerweile allerdings könnte ich auch hierüber vielerlei Breitgefächertes berichten. Aber da spreche ich öffentlich nicht wirklich gerne drüber, weil dann meistens irgendjemand beleidigt ist. Trotzdem muss ich gleichzeitig aber auch dazu sagen, dass ich schon auch immer sehr viel alleine sein muss, weil sonst meine Nieren locker werden. Zum Beispiel muss ich um sechs Uhr am Abend immer in der Wohnung sein, sonst passiert etwas nicht. Auf Tournee ist das natürlich nicht möglich, aber da ist sowieso der Ausnahmezustand.

Als ich nämlich ein Kind war, ist mein Vater immer um sechs Uhr abends von der Arbeit nach Hause gekommen und dann gab es Kartoffeln mit Milch und Butter. Das habe ich immer sehr gerne gemocht. Ich habe die Kartoffeln immer zusammengegatscht und eine Art Knusperpüree daraus gemacht. Mein Vater war ja eine ganz lange Zeit hindurch Maurer, und wenn er am Abend nach Hause gekommen ist, hat er sich vor dem Essen immer die Hände gewaschen. Meinem Bruder und mir hat das immer sehr gut gefallen, wenn wir gesehen haben, wie dreckig das Wasser war, das von seinen Händen weggeronnen ist. Manchmal haben wir uns deshalb selber auch die Hände total schmutzig gemacht, damit wir uns mit ihm gemeinsam die Hände waschen konnten. Wir haben unseren Vater als Kinder immer sehr bewundert, wenn er von der Baustelle erzählt hat. Später allerdings hatte ich immer das Gefühl, dass er meistens über die Arbeit geschimpft hat, obwohl er immer sehr fleißig und rechtschaffen war. Er hat bestimmt mehr gearbeitet als die meisten anderen, aber trotzdem habe ich selten etwas Positives über die Arbeit gehört. Zum Beispiel, dass es super ist, wenn man ein Haus fertig gebaut hat. Oder dass es noch superer ist, wenn das Gerüst, auf dem man steht, nicht plötzlich umfällt. Aber ich glaube, mein Vater war eher froh, dass er überhaupt eine Arbeit hatte, und dass er das alles ja ganz anders sah als ich, da er ja als Kind am Bauernhof arbeiten musste, und da gab es ja sowieso keinen Urlaub. Dafür aber gab es Lawinen und Überschwemmungen. Einmal wurde auch ein Bär angeschossen. Das Blut tropfte total herunter und man sah, wo er gegangen war.

In der Biografie von Charlie Chaplin steht ziemlich viel drinnen, und auch die Biografie von Salvador Dali hat mir sehr gut gefallen. Da frage ich mich dann schon, was ich alles so Demgemäßes erlebe? Die meisten berühmten Schauspieler und Künstler haben sehr herausgemauserte Geschichten und Anekdoten aus ihrem Künstlerleben zu berichten. Zum Beispiel: „Als ich den Grafen von Monte Christo traf“, „Als ich beim Minister der Amerikanischen Staaten zum Atomraketenschießen eingeladen war“ oder: „Als mich ein berühmter Kollege nördlich besuchte.“ Leider kann ich hier nicht mit derartigen Kalibergeschichten auftrumpfen, obwohl ich sagen muss, dass ich schon sehr, sehr viele Leute treffen lerne, und dass zum Beispiel rund um den Song Contest 2003 in Riga schon einiges passiert ist. Aber damals war ich mehr in meiner eigenen Welt wie in den Medien. Zu dieser Zeit nämlich hat mich ein Pfeil getroffen, der mich beinahe ausgelöscht hätte. Ich war in der Gesamtsituation meiner kompletten Physis. Der Song Contest lief nur am Rande vorbei und beschäftigte meine Nerven. Sonst hat das alles bei den meisten übrigen Österreichern mehr Eindruck hinterlassen als bei mir selbst. Tatsächlich aber war der Song Contest jener Zeitpunkt, wo die Sterbephase meiner Psyche begann und wo ich erstmals auch wirklich kosmologisch wurde. In meinem Gehirn war eine derartige Spezialität passiert, dass ich einfach nicht mehr anders konnte. Der auslösende Grund dafür war das Zusammentreffen mit meinem Antimenschen. Da haben wir plötzlich beide nicht mehr gewusst, ob wir jemand sind. Sie hat mich vorher schon einmal im Fernsehen gesehen, aber sie kam nicht wegen meinem Programm, sondern wegen mir selber. Sie gab mir ihre Adresse und ich hab diese noch am selben Abend in den Mistkübel geworfen. Dann habe ich sie wieder herausgenommen und zusammengebastelt, da ich sie ja bereits zerrissen hatte. Das war der Anfang von der zweiten Geburt. Letztlich geht es aber noch immer um den Turm. Das mag für einen außenstehenden Leser ziemlich unzugänglich klingen, aber es gibt in der Tatsächlichkeit keine Worte für die übersinnliche Wirkung unseres Zufalles. Wir hatten uns seit einigen tausend Jahren nicht mehr gesehen - nun waren wir wieder vereint - und dennoch nicht zugänglich. Ein wilder Wirbel sterbender Energie ergoss sich über mich. Blinkende Augen, weissagende Karten, Magie und Liebe wurden zu einem begriffslosen Systemfehler. Das „Sterben“ konnte beginnen.

Plötzlich wurde es mir klar: Paris ist eine Idee. Aber auch Wien ist eine Idee und auch Niederösterreich oder die Toskana. Jede Landschaft ist eine tolle Idee für sich selbst. Aber nicht nur Landschaften sind Ideen, auch Igel, Katzen und Konzertautobusse. Alles ist Idee. Aber die dümmste Idee hat man jeden Tag gleich nach dem Aufstehen. Man erfindet sich selbst, inklusive dazugehörigem Lebenslauf, Sozialversicherungsnummer und Beruf. Ich nenne es hier „Selbstverfindigung“.

Wenn jemand sagt: „Ich gehe heute eine Katze kaufen", so ist das eine Idee. Wenn er diese Katze dann zum Beispiel aber gar nicht kauft, so ist das dieselbe Idee. Aber auch das Produkt, eine Freundin zu haben, ist eine Idee. Wenn man dann zum Beispiel aber keine Freundin hat, so ist das dann deshalb aber nicht keine Idee. Es ist wieder einmal dieselbe Idee. Da muss man sich bald die Frage stellen, was wäre, wenn wir uns nicht jeden Tag neu erfinden würden? Dann würden wir nicht mehr wissen, dass wir das Studium bereits abgeschlossen haben und würden wahrscheinlich weiterstudieren oder zum falschen Arbeitsplatz gehen. Deshalb haben vielleicht sogar Tiere manchmal Ideen. Zum Beispiel Futterfressen oder Napfsitzen. Wahrscheinlich ist es sogar gar nicht schlecht, dass wir so viele Ideen haben, das Problem ist eher das, dass die meisten Menschen es nicht als Idee sehen, sondern als Fixkonstante im jahrelangen Leben. Die meisten Leute glauben ja auch, dass es jemanden gibt, der eine Idee hat. Besonders ich werde oft gefragt, wo ich meine Ideen hernehme, aber ich nehme sie ja nirgends her - ich bin Idee. Das ist deshalb so, weil hinter den Gedanken niemand steht, der denkt. Nicht wir sind es, die die Gedanken erschaffen - es ist umgekehrt: Die Gedanken erschaffen uns. Wir sind nicht als das, was wir denken, anwesend. Wir sind nichts weiter als unsere Gedanken. Es gibt niemand, der Gedanken hat. Wir sind nichts weiter als leere Rohre, wo der Wind durchpfaucht. Ich bin halt eher ein Kanalrohr, weil so viel Mist durch mich durchwandert, aber da kann ich ja nichts dafür. Die Leute glauben immer, sie können sich die Gedanken aussuchen, aber das glaube ich nicht ganz so. Manchmal gehe ich durch den Wald spazieren und dabei fällt mir dann zum Beispiel ein alter Schulkollege ein, den ich seit vielen, vielen Jahrhunderten nicht mehr gesehen habe. Warum denke ich gerade in diesem Moment an ihn? Das suche ich mir ja nicht aus. Ich will ja gar nicht an ihn denken. Wer glaubt, dass seine Gedanken frei sind, der braucht ja sein Leben lang nie mehr das Wort „Auto“ denken. Wer das kann, hat mich davon überzeugt und bekommt gratis Eintritt in das Reich derjenigen, die nicht mehr können.

Wenn wir auf diese Welt kommen, sind wir nichts weiter als leere Gläser. Unser Körper ist ein leerer Raum, gefüllt mit klarem Bewusstsein. Dieses Bewusstsein nenne ich hier „Wasser“. Mit den Jahren wird dieses Wasser immer trüber und schmutzfinkiger. Irgendwann kennen wir uns überhaupt nicht mehr aus und wissen nicht mehr, wer derjenige ist, der sich nicht mehr auskennt. Dann ist es Zeit geworden zu Meditieren. In der Meditation senkt sich der Mist wieder ab und das Bewusstsein wird wieder klar. Da kann man dann super damit angeben und in der Schule total auftrumpfen: „Ha, ha, ich hab' ein klares Bewusstsein!“ Da ist es dann auch nicht mehr so wichtig, ob man in Mathematik die schlechtesten Noten von ganz Europa hat. Hauptsache, der Mist ist wieder aus dem Gehirn geschaufelt. Schade ist nur, dass der meiste Mist nach der Meditation wieder zurückkommt. Aber das ist ja nicht nur bei der Meditation so, sondern auch beim Staubsaugen, Putzen und Pflegen der Einrichtungsmöbel. Mist kommt - und Mist geht. Deshalb muss man immer wieder von vorn mit dem Aufkehren beginnen und immer wieder kehren, kehren, kehren. Die Buddhisten nennen das die ewige Wiederkehr.

An dieser Stelle nun ist ein guter Platz gekommen, um euch meine „Wackelpudding-Phantasie“ zu präsentieren. Sie geht davon aus, dass die meisten Menschen im Leben mit ihren momentanen Befindlichkeiten nicht zufrieden sind und sich das Leben so richten wollen, dass endlich alles passt, wie es ist. Um diese Phantasie zu verstehen, muss man sich vorstellen, dass man auf einem riesengroßen Wackelpudding steht und versucht, den Pudding ruhig zu stellen. Je mehr man nun versucht, dem Pudding Einhalt zu gebieten und von der einen auf die andere Seite springt, damit er sich endlich beruhigt, umso mehr wird der Pudding wackeln. Erst, wenn man vollkommen verzweifelt aufgibt, sich hinlegt und nichts mehr macht, hört der Pudding auf zu wackeln. Je mehr man dazu tut, um ihn zum Stillstand zu bringen, umso mehr wird er also wackeln. Und ich sage euch hier: Das Leben ist nichts anderes als ein Wackelpudding. Je mehr wir versuchen, es uns so zu richten, wie wir es wollen, umso mehr wird es weiterwackeln. Es wird nie wirklich so werden, wie wir es uns vorstellen. Auch wenn wir alle Ziele erreichen, die wir uns vornehmen, wird das Leben so tun, als ob nichts gewesen wäre. Das Leben selber kennt kein Endprodukt. Es ist eine lose Aneinanderreihung von verschiedenen Gegebenheiten mit Ich-Charakter. Wenn wir uns aber hinlegen und nichts mehr tun, dann ist das Leben machtlos. Es kann uns nichts mehr vormachen, weil es endlich aufhört zu wackeln. Deshalb ist das Wichtigste bei meiner Phantasie, dass man irgendwann versteht, dass der Wackelpudding und derjenige, der versucht, ihn festzuhalten, dasselbe sind. Ich bin der Pudding und der Pudding ist ich. Das klingt hier nun vielleicht etwas schwierig, aber in Wirklichkeit ist es noch schwieriger. Da frage ich mich dann schon, ob man das Leben mit etwas Schwierigem leichter machen kann?

Wer ist ich? Diese Frage der Selbsterfindung ist eine der wichtigsten überhaupt. Die Gehirnforscher haben bereits in das Gehirn hineingeschaut. Sie haben oben den Deckel aufgemacht, haben mit einem Löffel die verschiedenen Teile auseinander gezogen und haben geschaut, ob da jemand drinnen sitzt. Bis jetzt haben sie noch niemanden gefunden. Ich auch nicht. Deshalb ist mir auch klar geworden, dass wir niemals das sein können, was sich denken lässt. Die ganze Sinnsuche und Suche nach sich selbst ist der gescheiteste Blödsinn, den man anstellen kann. Da kann man dann gleich auch zu Weihnachten die Eier suchen, und wenn sie nicht meine Parasolia-Freundin versteckt hat, wird man sie auch nicht finden. Wer trotzdem welche findet, hat eine Illusion gefunden. Eine Idee von einer niemals stattgefundenen Findung. Deshalb empfehle ich allen, die ohne Sinn nicht mehr weiterleben wollen, sich selbst einen Sinn zu geben, weil von Haus aus gibt es keinen. So wie es auch keinen Osterhasen gibt und kein Christkind. Der „wahre Sinn“ liegt jenseits von Sinn und Unsinn. Trotzdem hatten mein Bruder und ich jedes Jahr vor Weihnachten und Ostern den nicht zu bändigenden Drang, nach den vermeintlichen Geschenken zu suchen, die uns das Christkind bringen sollte. Wir waren wirklich Meister darin. Kein noch so gefinkeltes Versteck meiner Eltern blieb unserem Spürsinn verborgen: Unter dem Hustenklo, westlich vom Schlafzimmerkasten, rechts von der Müllsprudelanlage, neben der Sicherheitskaravanne oder abseits von dort. Wo es etwas zu suchen gab, da gab es auch etwas zu finden. Die Frage ist halt nur, ob man das wirkliche Leben mit Ostern oder Weihnachten vergleichen kann, oder ob es nicht doch eher so ist, dass es beides gemeinsam ist?

Nun habe ich ja eh schon über Weihnachten und Ostern gesprochen und jetzt ist es sowie schon zu spät, nicht über Religion weiter zu sprechen. Was ich hier nämlich sagen möchte ist, dass die meisten Religionen vielleicht gar keine Religionen sind. Viele Menschen glauben, dass sie religiös sind, nur weil sie etwas glauben. Wenn das so wäre, dann müssten sogar noch die Kommunisten und Nationalsozialisten religiös sein. Dann müsste jeder Mensch religiös sein, der jemals an etwas geglaubt hat. Sogar derjenige, der glaubt, dass zwei mal zwei vier ist. Da stellt sich für mich nur noch die Frage, warum es zwar Glaubenskriege aber keine Mathematik-Kriege gibt? Das Einzige, was ich als Religion gelten lasse, ist Stille. Wenn alles still ist und sich nichts mehr bewegt, dann entsteht Religion. Einheit! Wenn wir also zu unserem Urzustand zurückehren, dann entsteht Rückbindung - und das heißt angeblich nichts anderes als Religion. Glauben heißt glauben, und erfahren heißt erfahren. Wenn Glaube stattfindet ohne eine Erfahrung dahinter, dann ist meistens die

Dummheit auch nicht mehr weit. Soweit ich weiß, waren die meisten Religionsgründer „Mystiker". Menschen, die das, was sie gepredigt haben, auch erfahren haben. Später hat man dann aus diesen wahrhaften Predigten einen Glauben gemacht. Aber so einfach ist das alles nicht. Ein kleines Kind kann nun mal nicht von selber ein Radio befruchten oder aus fremden Bäumen hauseigene Stämme produzieren. Deshalb sollte einem Glauben - wenn man aus eigener Einsichtslosigkeit schon nicht ohne ihn sein kann - zumindest eine eigene Erfahrung zu Grunde liegen. Wenn man nämlich Menschen mit Geboten und Pflichten überfordert, dann schauen sie entweder weg oder sie drehen lieber gleich durch. Aber auch das kann, anders gedacht, manchmal sehr gut tun und in einigen Fällen sogar eine ziemliche Befreiung bringen. Deshalb ist es des öfteren gar nicht schlecht, wenn man zur Lösung von diversen Lebensproblemen einfach den Holzhammer auspackt. Die meisten Menschen allerdings fürchten sich vor ihm und bleiben lieber in ihren falschen Vorstellungen und Träumen verhaftet. Bevor man alles fallen lässt und sich dem momentanen Sein ausliefert, klammert man sich dann doch lieber wieder an einen lauwarmen Glauben, weil man weiß ja nie so recht ...

Was bei meiner Kindheit etwas komisch war, war das Verhältnis zwischen meinem Bruder, meinen Eltern und mir. Mein Bruder sagte mir immer, dass der Vati ihm gehört und die Mutti mir. So kam es, dass er zu Weihnachten dem Vati ein Geschenk gab und ich der Mutti. Das war so, weil ich der Jüngere war. Mein Bruder konnte sich daher aussuchen, wem er etwas schenken wollte. Da für uns damals Frauen im Verhältnis zu Männern weniger wert waren, blieb mir die Mutti über. Ich erinnere mich, dass ich einmal im Radio gehört hatte, dass irgendwo ein

Mädchen schwer verletzt oder sogar gestorben sei. Darauf sagte ich: „Zum Glück hat es nur ein Mädchen erwischt". Warum das damals so war, kann ich jetzt nicht mehr genau nachvollziehen, aber wahrscheinlich war daran auch das ganze christliche Umfeld meiner Aufwachsung Schuld, da dort ja bekanntlich Frauen nicht so viel zählen wie Männer. Sie dürfen meistens nur die Kirchen putzen und die Kleider vom Pfarrer waschen. Bei der Show selber aber, da haben sie nicht viel mitzureden. Jedenfalls hatte ich einen ausgewachsenen Frauenkomplex. Ich versuchte unterbewusst, diesen Komplex schon relativ früh zu entlausen, indem ich nun versuchte, auch mit Mädchen zu spielen, wofür ich dann in weiterer Folge aber höchstens ausgespöttelt worden bin. Wer sich mit Minderwertigem abgibt, wird selber minderwertig. In unserer früheren Kindheit hat es diese Trennung noch nicht gegeben. Wir haben genauso Doktor gespielt wie alle anderen, und es gab nur einen Unterschied zwischen Männern und Frauen - und der lag zwischen den Beinen. Irgendwann später, ich weiß nicht, wie alt ich da schon gewesen bin, wollte ich unbedingt einmal eine nackte Frau sehen. Meine Mutter wusste das. Da bei uns zu Hause das Badezimmer immer zugesperrt war, wenn die Mutter badete, wusste ich, dass dort genau das stattfand, was mich interessierte. Nur der Vati durfte da hinein und der Mutti „den Rücken waschen" - was auch immer das war. Eines Tages versprach mir die Mutti, dass ich ihr am Abend „den Rücken waschen" darf. Ich freute mich schon sehr darauf, endlich in die Geheimnisse der Frau eingeweiht zu werden. Doch am Abend war die Enttäuschung groß. Meine Mutter saß mit der Unterhose in der Badewanne. An diesem Tage habe ich einen Komplex bekommen - nämlich, dass ich nie eine Freundin haben werde, die ich nackt sehen darf. Ich war mir zwar sicher, dass ich mich irgendwann vor Frauen ausziehen musste - diese Situation kannte ich ja von mir selber, wenn mich meine Mutti wusch oder badete, aber die umgekehrte Vorstellung trug ich an diesem Tage zu Grabe. Ich fürchtete mich ab diesem Zeitpunkt davor, irgendwann eine Freundin zu haben. Ich sah mich schon nackt vor ihr stehen - und wie sie mich dabei sexuell total durchmustert. Sie selber steht in voller Kleidung daneben und freut sich. Da wundert es mich wirklich nicht, dass ich Ewigkeiten gebraucht habe, um mit diesem ganzen Klosterfetisch fertig zu werden, obwohl man ja nie so richtig damit fertig werden kann. Vielleicht lasse ich mich in einigen Jahren nackt auf ein Grab fesseln und mit grüner Erbsenmarmelade bestreichen. Daneben stehen dreizehn blonde Jungfrauen und lecken sich gegenseitig die Katzenzungen aus dem Schlitz. Eine von ihnen kommt plötzlich auf mich zu und masturbiert mir etwas vor, während ich ihr erzähle was ich alles auf eine Pizza legen würde: Mais, Roggen, Blech und ein altes Register von einer Orgel. Ideen diesbezüglich hätte ich ja genug!

Trotz allem war ich in weiterer Folge den Frauen immer mehr zugetan als den Männern, und viele schöne Erinnerungen im Leben habe ich ausschließlich Frauen und ganz besonders meinen zeitverschiedenen Freundinnen zu verdanken. Letztendlich war ich als Kind ja auch ein totaler Mama-Typ. Egal, welches Problem ich hatte, meine Mama konnte es lösen. Bei ihr fühlte ich mich geborgen und warm. Im Gegensatz zu anderen Männern hatte ich bei meinen diversen Jobs nie ein Problem, wenn eine Frau mein Chef war. Ganz im Gegenteil - mir war das sogar lieber. Wie gesagt: Ich war total am Mama-Trip. Auch heute noch, wenn ich krank bin, ist die Mama die erste Person, die ich anrufe. Allerdings nur bei körperlichen Beschwerden. Für geistige Beschwerden sind meine

Freunde und Lebensbegleiterinnen besser zuständig. Aber auch Bücher. Bücher fand ich früher ja total uninteressant und langweilig. Erst als ich mich im Leben nicht mehr auskannte, begann ich zu lesen. Mit einem Buch kann man sich ja fast jede x-beliebige Weltgestalt in die Wohnung holen. Sozusagen bin ich bei jedem, der momentan gerade dieses Buch liest, selber zu Gast. Ich habe es immer wieder sehr genossen, mich mit Büchern in meiner Wohnung einzuwickeln. So gab es einige Bücher in meinem Leben, die fast zu Freunden wurden. Ich ging mit Büchern zwar nie zusammen ins Kaffeehaus oder besuchte mit ihnen gemeinsam Museen und Konzerte, aber ich ging mit ihnen ins Bett und studierte sie von hinten bis vorne durch. So kommt es, dass ich vieles von dem, was ich sage oder schreibe, schon irgendwo gelesen habe und nicht selber der Wortschreiber davon bin. Das ist zwar irgendwie auch enttäuschend, weil man sich Wörter von anderen Geistmenschen ausborgt, aber man kann ja auch nicht davon ausgehen, dass jeder Koch auf dieser Erde das Wiener Schnitzel selber neu erfindet. Auch ein Pilot muss heutzutage sein Flugzeug nicht mehr selber basteln, und die meisten Bankräuber bestellen sich dieselbe Waffe aus dem Gangsterkatalog. Zum Beispiel im Setangebot mit einer blutigen Axt und genug Patronen für drei Wochen Knast. Auch die Vögel singen immer dasselbe bescheuerte Lied, und der Wind pfeift sowieso immer nur um die Ecke. Wichtig dabei ist der Inhalt eines Spruches, den ich ebenfalls einmal schriftlich gelesen habe: „Wer sagt, er hat begriffen und handelt nicht danach, der hat nicht begriffen!"

Eines der meisten Bücher, die ich je gelesen habe, war „Der leere Spiegel" von Janwillem van de Wetering. Es war das erste Buch in meinem Leben, das mich mit dem

Nichtgedanken und der Nichtphilosophie des Zen vertraut gemacht hat. Bis dahin hatte ich in meiner verzweifelten Existenzhinterfragung ja hauptsächlich Bücher über Psychologie, Philosophie und ähnlich geistigen Flunder gelesen. Tatsache aber war, dass mich nichts von all dem befriedigen konnte. All diese Lebenseinstellungen, Philosophien, Religionen und Theorien musste man erst einmal glauben können, aber gerade das wollte ich ja nicht. Das hatte ich christlicher Weise ja gerade erst hinter mich gebracht. Im Zen gab es nichts zu glauben. Es gab etwas zu erfahren. Etwas, das jeden Zweifel angeblich ausschließt und nichts anderes kennt als Klarheit. Das Universum als durchsichtiger Wassertropfen. Das Leben als Froschlinse im Schoße einer durchsichtigen Nymphenvagina. Das war es, was ich suchte. Klarheit über mich und mein Sein. Immer wieder war in den Büchern, die ich zu diesem Thema las, von einem Punkt im Leben die Rede, an dem sich alles in eine andere Gegebenheit auflöst. Von einem Punkt, der keiner Erklärung und keiner Theorie mehr bedarf. Von einem Punkt, der das Ende jeglicher Suche ist. Von einem Punkt, der sich jeder Schriftlichkeit und Theorie entzieht. Diesen Punkt - oder, besser gesagt, diesen scheinbar einzigen Ausweg aus meinem Leben als Existenzterrorist - begann ich von nun an wie verrückt zu suchen. Die Suche nach diesem Punkt war nichts anderes als die Suche nach der Erleuchtung. Viele Jahre lang verwandelte sie mein Gehirn in geistigen Fleischwolf mit Nervengasantrieb und Sprengcharakter. Wie ein irr gewordener Zwischenmeister irrte ich durch alle mir verfügbaren geistigen Zustände und Nichtzustände. Mein Geist verwandelte sich in einen rasenden Purzelaffen. Ich lief ihm hinterher und wollte ihn fangen. Doch immer war er schneller. Ich fütterte ihn mit hochexplosiven Sprengbananen und ferngesteuerten Begriffsgranaten. Nichts, aber auch wirklich gar nichts, brachte mich der Erleuchtung auch nur einen Schritt näher. Später begann ich zu meditieren. Ich sah Lichter, ich hatte Visionen. Trotzdem - kein Entkommen. Deshalb schreibe ich jetzt dieses geistige Sterbebuch.

Als ich noch jünger war und fast alle gleichaltrigen schon Erfahrungen mit Mädchen gemacht hatten, bekam ich eines Tages einen Brief. Ich hatte schon vorher einem Mädchen geschrieben und wartete sehnsüchtigst auf eine Antwort. Es hatte mich übermenschliche Anstrengungen gekostet, ihr überhaupt zu schreiben. Ich schrieb ihr zwar - ich weiß nicht, was alles - aber ihr zu schreiben, dass ich sie liebe, brachte ich nicht übers Herz. Es gab eine sehr, sehr starke Hingezogenheit zu ihr, aber ob das Liebe war, wusste ich nicht. Wann kann man wirklich zu jemanden „Ich liebe dich!“ sagen? Lügen wollte ich auch nicht, also schrieb ich es vorsichtshalber einfach nicht. Als ich dann eines Tages von der Schule nach Hause kam, sagte mir meine Mutter, dass ein postmäßiger Brief für mich gekommen sei. Ich freute mich wie ein frisch gelüfteter Butterschmetterling, denn ich glaubte bereits zu wissen, von wem dieser Brief stammt. Zu meiner bitteren Enttäuschung allerdings war es ein Brief von meinem Onkel mit einem beiliegenden Tausend-Schilling-Schein als Geburtstagsgeschenk. Das war wirklich nicht wenig Geld für meine damaligen Verhältnisse, und ich bedanke mich auch heute noch finanziell bei meinem Onkel dafür. Trotzdem hätte ich das Geld am liebsten in den Mülleimer geworfen - so groß war meine Enttäuschung, keinen Liebesbrief bekommen zu haben.

Ein anderes Mal sagte mir meine Mutter wieder, dass ein Brief für mich gekommen sei. Wieder war ich mir sicher, dass es sich um einen Liebesbrief handeln musste. Aber auch diesmal wurde ich bitter enttäuscht, obwohl es sich eigentlich sogar um einen Liebesbrief handelte. Es war der Brief eines geistig gestörten Mädchens, das mich zufällig als Schlagzeuger bei einem Faschingsfest gesehen hatte. Sie wohnte mit einigen anderen mongoloiden und anderwertig geistig und körperlich Behinderten in einem Heim. Bei einem Auftritt mit einer Tanzband sah sie mich am Faschingsdienstag und fragte mich, wo ich wohne. Ich sagte ihr meinen Namen und meinen Wohnort. So kam dann eines Tages ein Brief zu mir nach Hause mit der Anschrift: An Alfred in Rothenthurm. Das war ich. Der Brief war gespickt mit Rechtschreibfehlern und unbewussten Wortverfehlungen. Sie wollte mich sofort heiraten. Das waren ungefähr meine ganzen schriftlichen Liebeserlebnisse bis zum Ende meiner Jugend ... und die dauerte wirklich lang. Fast so lang, oder sogar noch kürzer, wie die Phase in meiner Kindheit, wo ich öfters geträumt hatte, dass mich eine Kuh verfolgt. Ich lief davon und sperrte mich im Klosett ein. Dann schaute die Kuh beim Fenster herein. Aber vor Kühen habe ich mich immer schon gefürchtet, obwohl meine beiden Eltern ja von Bauern abstammen. Oder vielleicht gerade deshalb.

Obwohl ich viele, viele Jahre im Leben versucht habe, Sinn zu finden und dementsprechende Bücher zu lesen, habe ich ihn oft genau im Gegenteil gefunden. Nämlich im absoluten Unsinn. So sah ich zum Beispiel bei einem Festival in der Schweiz einen englischen Anarcho-Komiker. Sein Name war Chris Lynam. Ich hatte beinahe Tränen vor Freude und Glück in den Augen, als ich seine Show sah. So ähnlich muss es jemanden gehen, der nach vielen, vielen Jahren mühseliger Pilgerschaft endlich in Rom ankommt und dort mit dem Papst ins Kino gehen darf. Oder zum McDonalds. Seine ganze Performance hatte eigentlich überhaupt keinen Sinn und man wusste am Ende der Show überhaupt nicht, was das alles eigentlich hätte sein sollen. Einer meiner Lieblingssätze von ihm ist folgender: „Imagine you are a fish - so how the fuck you can get to the airport?“ Da fühlte ich mich verstanden. Da wusste ich, das ist ein ganz, ganz Großer. Später lernten mein Manager René Berto und ich ihn etwas besser kennen und René besorgte ihm immer wieder vereinzelte Auftritte im deutschen Sprachraum. So war ich öfter mit ihm unterwegs und freue mich auch heute noch bis über die Dächer, wenn ich ihn mal sehe. Er lebt in London und hat gleichzeitig eine riesige Farm in Zimbabwe, wo er total abgeschieden von der vertrottelten Konsumwelt mitten im Urwald lebt. Leider wurde ihm die Farm mittlerweile weggenommen, weil man keine Weißen mehr in dieser Gegend haben will. Früher war er sogar in England ein richtig großer Star. Leider hat er sein ganzes Geld, das er damals verdient hat, für geistige Erweiterungsmittel und was weiß ich noch für einen Plunder ausgegeben. Heute ist er ziemlich verarmt und schlägt sich eher mehr als nie durchs Leben. Ein anderer ganz, ganz großer Komiker ist für mich Leo Bassi. Er zerschlägt riesige Kürbisse und zündet die halbe Bühne an. In seinem Programm „La Vendetta“ steht er am Ende der Show vollkommen nackt auf der Bühne und gießt sich Honig über den ganzen Körper. Dann steigt er in eine Art Dusche und lässt sich mit Federn vollblasen. Er hat eine starke Abneigung gegen Designerklamotten und zerschneidet den Zuschauern die T-Shrits. Das klingt jetzt vielleicht etwas albern, aber dahinter steckt eine ganz tolle Philosophie. Aber auch im deutschen Sprachraum gibt es einige ganz große Komiker. Darunter Helge Schneider und Josef Hader. Mit der Masse der deutschsprachigen Lustigmänner kann ich allerdings nicht viel anfangen.

So lange keine Lebensphilosophie hinter der Komik steckt, ist mir der ganze Spaß ein wenig zu künstlich. Ganz toll finde ich auch den kanadischen Clown Thomas Kubinek, der eigentlich aus der Tschechoslowakei stammt. Ein ganz stiller und leiser Mensch mit einem ungeheuren Gespür für das Subtile und Vertrackte. Auch das Schweizer Duo „Ursus und Nadeschki“" mit ihrer Show „Solo“ finde ich äußerst hervorragend. Da wird das Theater zur Seelenwohnung. Das alles sind für mich ganz, ganz große Leute, die mehr Dienst an der Menschheit leisten als so manche Weltverbesserer mit ihren gespreizten Benefiz-Ideen zur Rettung der barmherzigen Flickbürsten.

Eine schöne Theater-Bühne ist ein Kraftplatz. Nicht einer wie ein Fitness-Studio, sondern einer wie in der echten Natur. Manchmal, wenn etwas mehr Zeit ist, frage ich den Karl, meinen Techniker, ob er mir das Licht für die Abendshow zeigen kann. Dann sitze ich immer wie ein auseinanderklaffendes Kind daneben und schaue mir die roten, grünen, blauen und gelben Scheinwerferbelichtungen an. Ganz besonders liebe ich es auch, alleine im Theater zu stehen, bevor die Zuschauer hereinplatzen. Da hat alles eine besondere Magie der Ruhe und Eleganzheit. Da bin ich dann wirklich stolz darauf, dass ich derjenige sein muss, der hier auftreten darf, obwohl es manchmal auch sehr anstrengend sein kann. Auch wenn ich mein Programm dann schon fünftausend Mal gespielt habe, so sieht es das Publikum doch zum ersten Mal. Und wenn es dem Publikum gefällt, dann gefällt es mir auch. Deshalb lache ich manchmal selber mehr als das herumliegende Publikum. Manchmal kommt es auch vor, dass ich nicht auftreten mag, aber da gibt es dann kein Wenn zum Aber, denn Ex-Veranstaltungen sind immer nur morgen möglich. Da steht man dann sogar mit allen möglichen

Krankheiten wie Zapfenfieber oder Luxushusten auf der Bühne. Die Leute gehen dann nach Hause und sagen: „Der Poier war heute aber scheiße drauf." Wenn sie gewusst hätten, dass ich mit einer todbringenden Fiebererläuterung auf der Bühne gestanden bin, dann hätten sie sicherlich nicht so nahe reagiert. Aber egal, das Publikum zahlt ja auch Länge mal Breite dafür. Bei den vielen, vielen Auftritten, die ich spiele, gibt es auch immer wieder einige, die total daneben gehen. Das tut mir dann für das Publikum fürchterlich Leid und ich ärgere mich dann auch fastenmäßig darüber. Aber spätestens am nächsten Tagesabend, wenn der Zirkusdirektor die Möwen wieder durch die Manege peitscht und der sprechende Aasgeier am Trampolin die Leute wieder zum Lachen bringt, ist alles vergessen. Danach gibt es dann original italienische Lungenpizza und soviel Erdbeereis wie man will. Dann ist alles gerettet, was an diesem Tag zu retten war. Vorausgesetzt, der Manager hat sich beim Abrechnen nicht verzählt und mein Techniker, der Karl, hat alle Requisiten eingepackt. Einmal nämlich, da hat er meinen Mitsubischi-Bart liegen gelassen, aber das würde er natürlich niemals zugeben.

Mit meinem gesamten bis-jetzigen Tourneeteam habe ich sowieso mehr Verstand als Glück. Zum ersten ist da mein Manager und Zuständigkeitsberechtigter, René Berto. Er macht alles so, wie es auch die Mafia-Manager in den Hollywoodfilmen machen. Er hat alles auf der ersten Reihe und kann in einer Minute mehr Telefongespräche führen als fünf ausgebildete Telefonistinnen beim katholischen Telefonseelsorgedienst in einem ganzen Monat. Er weiß immer, wenn etwas wo ist oder nicht ist. Er fährt immer mit auf Tournee und ist für mich so etwas wie ein Mama-Ersatz. Wann immer ich krank oder sonst irgendwie unpässlich bin, schubst er mich einfach auf die Bühne - und schon geht alles wieder wie von selber. Er ist der Einzige, dem es auffallen würde, wenn ich auf der Bühne wirklich einen Herzinfarkt hätte. Alle anderen würden es als Spaß sehen und würden mich während meines Todeskampfes auch noch auslachen. So etwas Ähnliches ist mir ja schon öfter passiert. Einmal war ich so verkühlt, dass ich plötzlich keine Stimme mehr hatte. Die Leute aber haben gelacht und sich gefragt, wie ich diesen Schmäh so lange durchziehen kann. Dabei wollte ich den Leuten nur mitteilen, dass die Show aus ist und dass sie nach Hause gehen sollen. Ein anderes Mal hatte ich einen Hexenschuss, dass es mir zeitenweise in der Nackenhälfte stach, als sei ich zu Gast in einem Bienenhaufen. Aber auch das fanden die Leute lustig. Wie gesagt, der René Berto ist einer der ganz, ganz Wenigen, die wissen, was ich vor zwei Wochen zu Mittag gerodet habe oder welche Gehirnhälfte bei mir gerade mehr aussetzt. Was er für mich noch nie gemacht hat ist zum Beispiel Wäsche waschen, staubsaugen oder einfach nur so, statt mir, in meinem Zimmer zu liegen. Aber vielleicht wird das alles noch so anders, wie ich es mir bis jetzt unter Umständen gar nicht vorstellen kann. Am meisten Beweise für seine absolute Trefferquote hat er als Manager rund um den Song-Contest 2003 bewiesen. Da haben wir Dinge vom Stapel gelassen, die normaler Weise gar nicht normal sind, aber davon spreche ich vielleicht später noch, oder gar nicht. Dieses Buch ist ja kein Konzept, wo am Ende der Mörder gefangen und mit Schlagobers verziert wird. Dieses Buch spricht eher für sich und so bin ich selbst schon gespannt, was am Ende herauskommt.

Mein zweiter Mitarbeiter auf Tournee ist der Karl Edlinger. Mit ihm habe ich schon vor vielen, vielen Jahren auf Bällen, Hochzeiten und Beerdigungen lustige Tanzmusikstimmung gemacht. Karl kann alles. Ich habe das schon öfter einmal bei meinen Auftritten gesagt, aber die Leute glauben mir auch hier nicht. Ich gebe selber ja nur äußerst ungern Autogramme, weil ich erstens keine Lust dazu habe und zweitens ja gar nichts kann. Autogramme müssen diejenigen geben, die etwas können. Deshalb muss das bei mir in Zukunft der Karl machen. Der kann nämlich wirklich alles: Häuser bauen, schweißen, Fisch züchten, Bäume verdichten, Weintrauben verzinken oder auch nur meinen Computer neu pigmentieren. Wenn jemand so jemanden wie den Karl direkt über ein Inserat suchen würde, würde er ihn nie finden. Außerdem würde niemand glauben, dass es jemanden gibt, der so viel auf einem Fleck gleichzeitig können kann. Das hat längst schon alles mit Hexerei zu tun. So hoffe ich, dass mein diesseitiges Tourneeteam noch lange anhält - und dass unsere richtige Tour erst dann beginnt, wenn wir schon längst im Moll verweilen.

Dieses Moll ist nichts weiter als die ganz große, unendliche Stille, aus der alles kommt und in die alles wieder zurückkehrt. Auch das Holz und die Schafe. Wenn man gut meditiert, so kann man manchmal in diese Stille hineinschauen. Man kann sie direkt erfahren und braucht nicht mehr an sie zu glauben. Sie ist, ohne zu sein. Sie braucht nichts, um zum sein. Sie existiert aus sich selbst, in sich selbst. Sie ändert sich nie. Sie ist nur Raum. Wenn man es manchmal spüren darf, wie dieser Raum ist, dann entsteht Energie. Kosmische Energie. Ich selber habe auch lange nicht an diese Dinge geglaubt, weil ich sie weder hören noch fühlen konnte. Ich hatte dieses Thema für mich beinahe schon wieder erledigt gehabt - und das ist auch gut so, denn wenn man nur an diese Dinge glaubt, dann hat man sie trotzdem noch lange nicht erfahren. Es macht in unserer Welt ja einen riesen Katzensprung aus, ob man nur glaubt, dass man mit dem Auto gegen einen Baum fährt, oder ob man das auch wirklich tut. Ein Russenfisch, der direkt am Teller liegt, schmeckt besser als einer, der nur am Werbeplakat klebt. Trotzdem glaube ich, dass man sich Dinge auch so fest vorstellen kann, dass sie „wirklich" werden. Wenn man fest genug daran glaubt, dass man eines Tages eine brünette Vanillehündin wird, so kann wahrscheinlich auch das wahr werden.

Wenn wir in unserem Tourneebus sitzen, wird die Zeit oft länger als man denkt, und so ergibt sich dort oft die Situation für lange Gespräche über das Leben selbst. So sprechen wir öfter über so genannte „Lebenskonzepte", obwohl das ja ein totaler Hunderüssel ist, weil das Leben selber ja kein Konzept ist. Auffällig dabei ist halt schon die Tatsache, dass sich Menschen durch die Schule quälen, ein mühseliges Studium absolvieren, heiraten, Kinder bekommen - und irgendwann dann, wenn sie vierzig oder mehr Jahre alt sind, all das erreicht haben, was sie sich vorgenommen haben. Dann werden sie plötzlich total frustriert und erkennen, dass es das alles nicht war, was sie gesucht haben. Dann kommt Scheidung, Siechtum und Inkontinenz. Dann kommt der Leichenwagen und bestattet alle wieder dort hin, wo sie hergekommen sind. Wo war bloß das Glück die ganze Zeit über? Hier muss ich sagen, dass ich ja auch kein Glücksschweinchen bin und dass ich im Ganzen und Großen dieselben Lebensprobleme habe wie alle anderen, obwohl ich eigentlich nichts mehr „arbeiten" müsste und bereits jetzt in Pension gehen könnte. Trotzdem werde ich weiterhin das machen, was ich bisher gemacht habe. Es ist mein Lebensinhalt geworden. Ich bin mit meiner Lebensgrundsituation zufrieden. Glück kommt und geht, aber eine gewisse Lebensgrundsituation kann sich manchmal ziemlich lange halten. Deshalb ist es wichtig, sich eine dazupassende Lebensgrundsituation zu schaffen. Wenn man nämlich weder Spaß noch Freude mit seiner Lebens-Hauptbeschäftigung hat, dann kann die Sache auf diesem Planeten ziemlich mühsam werden. Deshalb ist es wichtig, dass man sich von Haus aus nicht in Dinge rein verstrickt, die einem die Suppe so versalzen, dass der Magen lieber nicht mehr gefüttert werden möchte. Mit diesen Dingen meine ich zum Beispiel Schulden oder sonstige persönliche Ansteckungen, wo man selber nicht mehr entscheiden kann, was mit seiner Sekte passiert. Ich meinerseits habe stets lieber auf Luxusmist wie lackierte Autos und Designerhöschen verzichtet, als mir für einen derartigen Schwachmist einen Kredit aufzunehmen und meine Freiheit dafür zu verlieren. Die Freiheit, jeden Tag bei einer Firma aufzustehen und sagen zu können: „Tschüss! Leckt euch den Boden hier doch selber auf!", ist beinahe unbezahlbar. Ich denke jetzt noch gerne zurück, welch glückliches Gefühl mich in dieser Situation oft durchfuhr. Alle anderen müssen bleiben, damit sie sich den ganzen Rhabarber - den sie ja eigentlich gar nicht brauchen - erhalten können, nur man selber steht auf und lässt alles liegen, wie die tote Katze ihren Pelz mit Pfoten und Zubehör. Viele Probleme im Leben braucht man erst gar nicht bekommen, wenn man früh genug erkennt, dass es welche sind. Je mehr man sich ins Leben verstrickt, desto mehr wird man auch in die Probleme des Lebens verstrickt. Meine Strategie war hier immer Problemvermeidung anstatt Problemlösung. So könnte man sogar eine Mülldeponie sehr gewinnbringend verkaufen.

Als ich sie auf den Flughafen führte, gab sie mir ein kleines Briefchen. Sie sagte mir, ich solle den Brief erst dann öffnen, wenn sie bereits weggeflogen ist. Als ich von der Abflugshalle ins Auto zurückkam, öffnete ich sofort den Briefumschlag. Es lag ein Flugticket nach Los Angeles drinnen. Komisch. Sie war doch gerade erst nach Australien geflogen. Im beiliegenden Brief stand: „Ich würde dich gerne zu Weihnachten in Los Angeles sehen." Evili war für eine längere Durchschnittszeit meine Freundin. Irgendwann wurde ihr in Wien alles zu viel und sie beschloss, für einige Monate durch Australien zu pilgern. Das war kurz vor meinem Programm „Zen". Die Zeit ohne sie wurde für mich immer alleinsamer, und so begann ich mich schon sehr auf Weihnachten zu freuen. Ich glaube, das waren für mich dann auch so ziemlich die schönsten Weihnachten seit meiner Kindheit. Wir fuhren zusammen nach San Francisco, Las Vegas ... Es war sehr super, sie nach so langer Zeit wieder zu sehen. Als ich von Wien nach Los Angeles flog, lief im Flugzeug auf Video der Film „Zorro". Mittlerweile habe ich den Inhalt des Films schon vergessen. Nicht vergessen habe ich allerdings, dass ich während des Films heimlich geweint habe, weil mich irgendetwas so berührt hat - und ich wegen dem Wiedersehen mit Evili sowieso total weich war. Als ich ihr das erzählt habe, hat sie mich „ausgelacht". Auch heute noch lacht sie oft darüber und ist fest davon überzeugt, dass ich der einzige Mensch auf dieser Erde bin, der bei „Zorro" jemals geweint hat. Was ich damit sagen will ist, dass bestimmte Situationen bestimmte Reaktionen hervorrufen, die man sich später manchmal selber nicht mehr erklären kann. Das, was uns irgendwann zum Totsterben traurig macht, berührt uns vielleicht drei Jahre später nicht viel mehr als ein vorbeifahrender Blumenkohl auf einer ganz gewöhnlichen Gemüseveranstaltung. Evili hat mir aus Australien immer wieder Postkarten geschickt, damit ich sehen konnte, wie es dort landschaftstheoretisch aussieht. Da ich gerade keine Zeit hatte, nach Australien zu fahren, nahm ich mir vor, dies bei nächster Verlegenheit nachzuholen. Ich wollte dort all die Orte besuchen, die mir auf den Postkarten so tropisch, still und meeresblau entgegenhudelten. Einen Sommer später war es dann so weit. Ich war voller Erwartung und Freude auf Australien. Ich flog alleine. Ich wollte wieder einmal wissen, ob und wie oft ich alleine zurechtkomme. Im Nachhinein muss ich sagen, dass ich von Australien - so wie ich es durchreist habe - eher enttäuscht war. Leider war ich nur auf der Ostküste unterwegs. Die ist total touristisch. Als Protest gegen diese oberflächliche Surfer-Sun-und-Fun-Gesellschaft bin ich sechs Wochen lang nicht ins Meer baden gegangen. Denen habe ich's ordentlich gezeigt! Außerdem war es zu meiner Zeit gerade Australienwinter, und so lag ich auch noch viele Tage mit Fieber und Nebenhöhlenexplosion im Bett. Wenn ich auch sonst schon nicht so begeistert von diesem Urlaub gewesen bin, so habe ich dort zumindest die Grundidee für mein Lustigprogramm „Mitsubischi“ gehabt.

Einmal war ich in Schottland auf einem Friedhof. Ob ich dort jemals wieder hinkomme, weiß ich jetzt noch nicht. Trotzdem ist alles anders.

Einmal war ich für einige Wochen in Indonesien. Auch Affen waren dort. Der Vulkan hat mir gut gefallen.

Einmal bin ich zu Fuß nach Ex-Jugoslawien gegangen. Neben der Straße waren die Fischer. Dann kam der Krieg.

Einmal habe ich versucht, in einer Höhle zu leben. Das war in Spanien. Den allerbesten Käse aber gibt es in Griechenland.

Von einer Insel bin ich verwiesen worden, weil ich frech war. Trotzdem gibt es in Frankreich Berge.

Indien als Land ist schöner.

New York ist nicht die Hauptstadt von Wien.

Japan ist nicht persönlich. Besonders im Frühling. Es ist Sommer.

Die Rocky Mountains sollen sehr schön sein. Eine Bekannte von meinem Bruder war noch nicht dort. Es war kurz davor.

Besonders heiß ist Ägypten im Sommer. Im Winter tut es mir Leid.

Steirischer Bienenhonig ist angeblich gesünder - sagen die Chinesen.

Die Geografie einer Landschaft kennt noch lange nicht ihre Lebewesen.

Wenn eine Reise zu Ende geht, ist Russland noch lange nicht aus.

Egal. Ich wollte hier nur einige Eindrücke hinterlassen, die die Beschäftigung der Reise mit sich bringt. Ich selber reise ja nur mit Rucksack und Tourist gemeinsam. Wenn man getrennt auftritt, so ist entweder der Rucksack verloren gegangen oder aber der Tourist verschwunden. Je nachdem. Wenn einen auf einer Reise etwas gestohlen wird, so glaubt man ja immer, dass einen der Gegenstand abhanden gekommen ist. Tatsächlich könnte es aber auch so sein, dass der gestohlene Gegenstand zwar am richtigen Ort ist, nur man selber aber am falschen Platz steht. Das muss aber jeder für sich selber herausfinden.

Das Einfachste und Sicherste, worüber man im Leben sprechen kann, sind Dinge aus der Vergangenheit. Die Vergangenheit ist immer ehrlich, weil man sie nicht mehr ändern kann. Wer seine Vergangenheit ändern will, muss sich ziemlich dabei anstrengen, und muss noch dazu aufpassen, dass er nicht überhaupt gleich durchdreht. Wenn ich dieses Buch in einigen hundert Jahren wieder lese, so könnte es durchaus sein, dass ich viele meiner darin enthaltenen geistigen Ansichten nicht mehr vertreten kann. Geistige Ansichten und Meinungen sind ja Zuständigkeiten, die sich ständig ändern. Was ich aber auch nach vielen hundert Jahren nicht mehr ändern kann ist meine Vergangenheit. Dazu müsste ich Zeitreisen machen können und ich weiß wirklich nicht, ob ich dann noch Lust habe, so viel herumzureisen. Jedenfalls ist es sicherer, wenn man über Donnerstage spricht. Das Unsicherste, worüber man sprechen kann, was aber trotzdem viel Spaß macht, sind Meinungen und Ansichten. Ich möchte gar nicht wissen, wie oft in der Minute ich mir schon selbst widersprochen habe. Die ganze Philosophie ist ein einziger Wortstrudel mit Beistrichfüllung. Eine Zeit lang habe ich deshalb lieber nur Indianerbücher gelesen, weil da geht es hauptsächlich um direkte Dinge. Das klang ungefähr so: „Ich ging in den Wald. Ich sah einen Bären. Ich versteckte mich hinter dem Bären. Als er sich umdrehte, spielte ich ihm auf meiner Flöte etwas vor. Er brüllte vor Schmerz und lief davon“. Da wusste man wenigstens, was man hatte. Kompliziert und andersherum wird es bei den Indianern erst, wenn der Schamane auftaucht. In unserem westlichen Kulturkreis gibt es ja fast keine Schamanen mehr. Sobald jemand irgendwie anders zu sein scheint als sein Nachbar, wird er sofort medikamentös behandelt und ins Geisteslazarett gesperrt. Bei den Indianern wurden aus solchen Menschen oft große Schamanen und Heiler. Früher waren das bei uns die Hexen, aber die sind ja meistens verbrannt worden, und so ging viel von dem Wissen, das sie hatten, in den vielen Buchstaben ihrer Nichtbücher unter. Schuld daran war meistens das fundamentalistische Christentum, welches in seiner verkreuzigten Allgerechtigkeit alles vom Platz räumte, was nicht in seinen geräucherten Schnupftabernakel passte. Jedenfalls war man bei den Indianern und einigen anderen Kulturen froh, wenn es einige Verrückte gab, die alles verkehrt machten. Da gibt es sogar heute noch die so genannten „Gegenteiler". Diese müssen ihr Leben lang alles verkehrt machen. Sie müssen die Schuhe verkehrt herum anziehen und sogar verkehrt am Pferd sitzen. Sie dürfen sogar die allerheiligsten Heiligtümer besudeln und den Kühlschrank vom Nachbarn neu benennen. Diese Menschen sind bei großen rituellen Zusammenkünften dafür zuständig, dass es etwas zu lachen gibt. Bevor nicht jeder der dort Anwesenden gelacht hat, kann die Zeremonie nicht stattfinden. Das ist wirklich so. Der Grund dafür ist, dass Lachen angeblich verbindet. Und bevor nicht alle verbunden sind, gibt es keine gemeinsame Zeremonie. Das ist nichts anderes, als wie wenn ich für eine große Firma einen Galaauftritt spiele, damit sich nachher alle verbunden fühlen und sich später am WC beim Kotzen nicht so schämen müssen. Aber das mache ich in letzter Zeit fast überhaupt nicht mehr, weil sich diesen teuren Spaß ohnehin niemand mehr leisten will. Das war jetzt gelogen. Trotzdem: Ich bin eigentlich nie gerne für ein „gekauftes" Publikum aufgetreten, für das man ohnedings nichts weiter ist, als ein verwurstelter Pausenfritz mit Humorbeschattung. Wenn man aber von dem, was ich mache, leben möchte, so bleibt einem am Anfang oft nicht viel anderes übrig. Im Gegenteil: Man ist noch froh darüber, überhaupt solche Angebote zu bekommen, auch wenn es oft nur Schmerzensgeld ist! Aber die Zitronen im Supermarkt wissen zum Glück ja eh nicht, woher das Geld kommt. Außerdem sind sie manchmal selber noch ziemlich sauer. Viele davon werden überhaupt nie reif und süß! Bei Gala-Auftritten - speziell am Anfang von der Karriere - kann es schon passieren, dass das Publikum verkehrt mit dem Rücken zur Bühne sitzt, oder dass einem der bevorstehende Gusto aufs Radieschenbuffet die gesamte Show stiehlt. Da hat es in meinem Künstlerdasein zweifellos einige Momente gegeben, wo der Wunsch, die Bühne zu verlassen, größer war als der Drang, in den Himmel aufzufahren und zur Rechten Gottes zu schwitzen, der diesem Treiben auch noch tatenlos zusah.

Da muss man dann froh sein, wenn man nach dem Auftritt zu Freunden fahren kann. Viele habe ich ja nicht - will ich auch nicht. Ich halte es da so ähnlich wie Henry David Thoreau. Dieser hatte in seiner Hütte nur drei Stühle. Einen für die Einsamkeit, zwei für die Freundschaft und drei für die Gesellschaft. In meiner Wohnung habe ich kaum Besuch, weil ich ohnehin nie etwas zu Essen oder zu Trinken zu Hause habe und obendrauf noch ein rüpelhafter Gastgeber bin. Der einzige Mensch, der mich wirklich regelmäßig besucht, ist mein langjähriger Freund und Musikproduzent Thomas „Tomy“ Rippel. Ich kenne ihn schon seit meiner Zeit als Antiquitätenmesse-Aufbauer. Einmal bin ich mit ihm nach St. Pölten gefahren, um dort eine Messe zu betreuen. Nachdem wir drei Tage lang im Akkord gearbeitet hatten, fragte uns unser

Chef, ob wir vielleicht nicht auch noch die Abendgarderobe und die Kasse für den Eröffnungsabend übernehmen würden. Wir sagten sofort zu, in der Hoffnung, unser lausiges Gehalt noch ein wenig aufbessern zu können. Am Abend der Eröffnung kamen viele geladene Gäste und alles präsentierte sich in größtem Prunk und Glanz. Es wurde Sekt gereicht und dazwischen frohlockte man die Gaumen mit appetitlichen Häppchen. Zur Feier des Tages genehmigte ich mir mit Tomy gemeinsam eine Flasche Sekt. Jeder trank seine Hälfte ex. Dann kam die nächste Flasche und die nächste ... In kürzester Zeit waren wir so besoffen, dass uns unsere Tätigkeit als Garderobier und Kassier nur noch am Rande langweilte. Tomy pinkelte gleich neben der Kassa in den Mistkübel und ich schnappte mir die Ausgangs-Kappe eines hochrangigen Militärs und tanzte dazu. Dann stürzte die Kassa um und das Geld kullerte kreuz und quer durch das ganze imperialistische Foyer. Durch den Krach alarmiert eilte sofort der Chef herbei und verwies uns des Hauses. Eigentlich wollten wir sofort zum Bahnhof, um dort mit dem letzten Zug nach Wien zurück zu fahren. Obwohl der Bahnhof nur wenige Meter entfernt von der Messe war, irrten wir wie zwei total bekiffte Jesushirten durch die Stadt. Plötzlich befanden wir uns in einer Art Schottergrube. Ich weiß nicht mehr, wie wir dort hingelangt sind. Dort blieb ein Auto stehen und jemand kurbelte das Fenster hinunter. Im Auto befanden sich mehrere Schwarzafrikaner und ein oder zwei Mädchen. So genau weiß ich das nicht mehr. Jedenfalls zuckte Tomy momentan total aus und schrie: „Los Alf, weg von hier! Der hat ein Messer!“ Ich aber wollte nicht weg von dort. Ich glaube, ich war ziemlich scharf auf das Mädchen. Doch dann gab ich nach und folgte Tomy, der gerade einen Hügel hinaufkletterte. Hinter dem Hügel befanden sich einige Abstellgeleise der Bundesbahn.

Plötzlich legte sich Tomy auf eines der Geleise und wollte nicht mehr aufstehen. Ich glaubte, einen Zug kommen zu sehen und begann, Tomy vom Geleis wegzuziehen. Doch dann zog ich ihn immer weiter und weiter. Ich weiß auch nicht warum. Jedenfalls verfiel Tomy daraufhin in eine Art Paranoia und glaubte, ich hätte ein Messer und ich würde ihn damit verfolgen. Er lief durch die ganze Stadt, und ich rannte lachend hinter ihm her. Irgendwann versteckte er sich in einem Park. Ich ging ihm nach und wiederholte stets die Worte: „Ja wo is er denn, der Tomy?“ Das alles hatte ein Flair wie in einem schlechten Psychothriller. Ich kann das nur leider nicht alles so paranoid und abgefahren erzählen, wie es wirklich war. Irgendwie jedoch konnte er mir entkommen und gelangte von selber zum Messegelände zurück. Dort war alles längst vorbei. Etwas später kam auch ich zurück zur Messe, wo man schon auf mich wartete und mich sofort nach einem Messer durchsuchte. Das war alles wirklich krank. Irgendwann jedenfalls glaubte man mir, und wir begannen uns zusammen mit den Nachtwächtern auf den späten Schlaf vorzubereiten. Einer der Nachtwächter hatte etwas zum Rauchen dabei - ihr wisst schon was ich meine - und so rauchten wir noch etwas, bevor wir die Pfeife auf einem der teuersten Art Deco Tisch der gesamten Ausstellung ausklopften. Am nächsten Tag in der Früh brach bei dem Nachtwächter - der auch so wie wir nur einer von vielen Tagelöhnern war, die für die selbe Firma arbeiteten - die totale Panik aus: Gleich kamen die ersten Gäste in die Messe, es mussten noch allerhand missbrauchte Antiquitäten poliert werden und alle möglichen Utensilien des nächtlichen Gelages verschwinden. Tomy war am ganzen Körper blau von den Schienen, über die ich ihn gezogen hatte. Seine Freundin ist fast vor Schreck gestorben, wie sie seinen zerschundenen Körper gesehen hat. Eines habe ich daraus aber gelernt: Außergewöhnliche Sauferlebnisse verbinden, auch wenn es diese in meinem Leben in letzter Zeit fast gar nicht mehr gibt.

Während der vielen Jahre, die wir uns schon kennen, bin ich mit Tomy gemeinsam - gegen jeden Wind und jedes Wetter immun - durch die Stadt gezogen. Möge Dionysos uns weiterhin dabei beistehen und uns mit seiner externen Weisheit dienen, denn wenn die Wirklichkeit ihre dunklen, lüsternen Pforten öffnet, ist die Gefahr manchmal schneller vor Ort als jedes kosmische Taxi. Man kann niemals auf zwei Galaxien gleichzeitig der Star sein. Und die Äpfel blühen erst dann wieder, wenn sie schon längst nicht mehr reif sind.

Stellt euch vor, alle Menschen würden gleich aussehen. Sie hätten die gleiche Meinung und würden total gleich riechen. Sie würden alle mit den gleichen Autos fahren und würden ihre gleichen Wohnungen gleich einrichten. Sie hätten alle den gleichen Beruf und den gleichen Chef. Sie hätten alle die gleichen Frauen und würden nur die gleichen Bücher lesen. Wenn wirklich alles, was man sich auf dieser Welt vorstellen kann, gleich wäre - was wäre dann anders?

Eine Frage, die mich immer wieder beschäftigt und gerade auch für dieses Buch sehr relevant ist, ist der Tod. Die Sinnfrage im Leben würde sich für viele gar nicht stellen, wenn es den Tod nicht gäbe. Man geht ja davon aus, dass man sich ein Leben lang abmüht, lernt, studiert und leidet - und am Ende soll all das umsonst gewesen sein? Da stellt sich ja dann gleich auch die Frage nach der Wiedergeburt. Ich selber glaube ja nicht an die Wiedergeburt, weil dazu müsste man zuerst einmal sterben. Um es auf die Direktheit zu bringen: Ich glaube nicht an den Tod - und ohne Tod kann es ja gar keine Wiedergeburt geben. Ich glaube an eine ständige Umwandlung der Gegebenheiten. Mit den Menschen ist es bestimmt nicht viel anders als mit dem Wasser. Wenn man Wasser zum Kochen bringt, verdampft es. Der Kochtopf ist auf einmal leer. Das Wasser scheint für immer und ewig weg zu sein. In Wirklichkeit aber hat nur eine Verwandlung stattgefunden. Das Wasser steigt auf, wird zu einer Wolke, fällt wieder herunter und kommt irgendwann als Kaninchen bei einer Quelle wieder heraus. Dort wird es von einem Abfangjäger erschossen. Die Frau vom Jäger kocht das Kaninchen und schickt es nach Afrika zu den hungernden Kindern. Diese essen das Kaninchen und werden so ihren Durst los, da das Kaninchen ja eigentlich aus Wasser entstanden ist. Viele Jahre später sterben die Kinder. Ihre Knochen wachsen unter einem Bananenbusch wieder hervor und sind somit auch in den Bananen enthalten. Deshalb kann Obst niemals vegetarisch sein. Das ist bloße Einbildung. Irgendwann isst ein Mensch wieder diese Banane und wird so zu einem Kaninchen. Das mag jetzt vielleicht komplizierter klingen als es kann, aber irgendwann stellt sich heraus, dass der Jäger und das Gejagte eigentlich dasselbe sind - nur halt etwas zeitversetzt. Zuerst erschießt der Jäger den Hasen, und dann erschießt der Hase den Jäger. Auch die Physik hat herausgefunden, dass Energie niemals vernichtet, sondern bestenfalls nur umgewandelt werden kann. Deshalb gibt es keinen Tod, sondern nur Verwandlung. Das wiederum kann man bei einer guten Meditation super spüren. Man fühlt, dass man weder sein Körper noch sein Geist ist, sondern die Energie, die in der dunklen Stille dahinter steht. Das ewige Leben, das man sich als braver Christ erst hart erarbeiten muss, kann man bei mir auch gratis haben.

ich will nicht mehr kämpfen

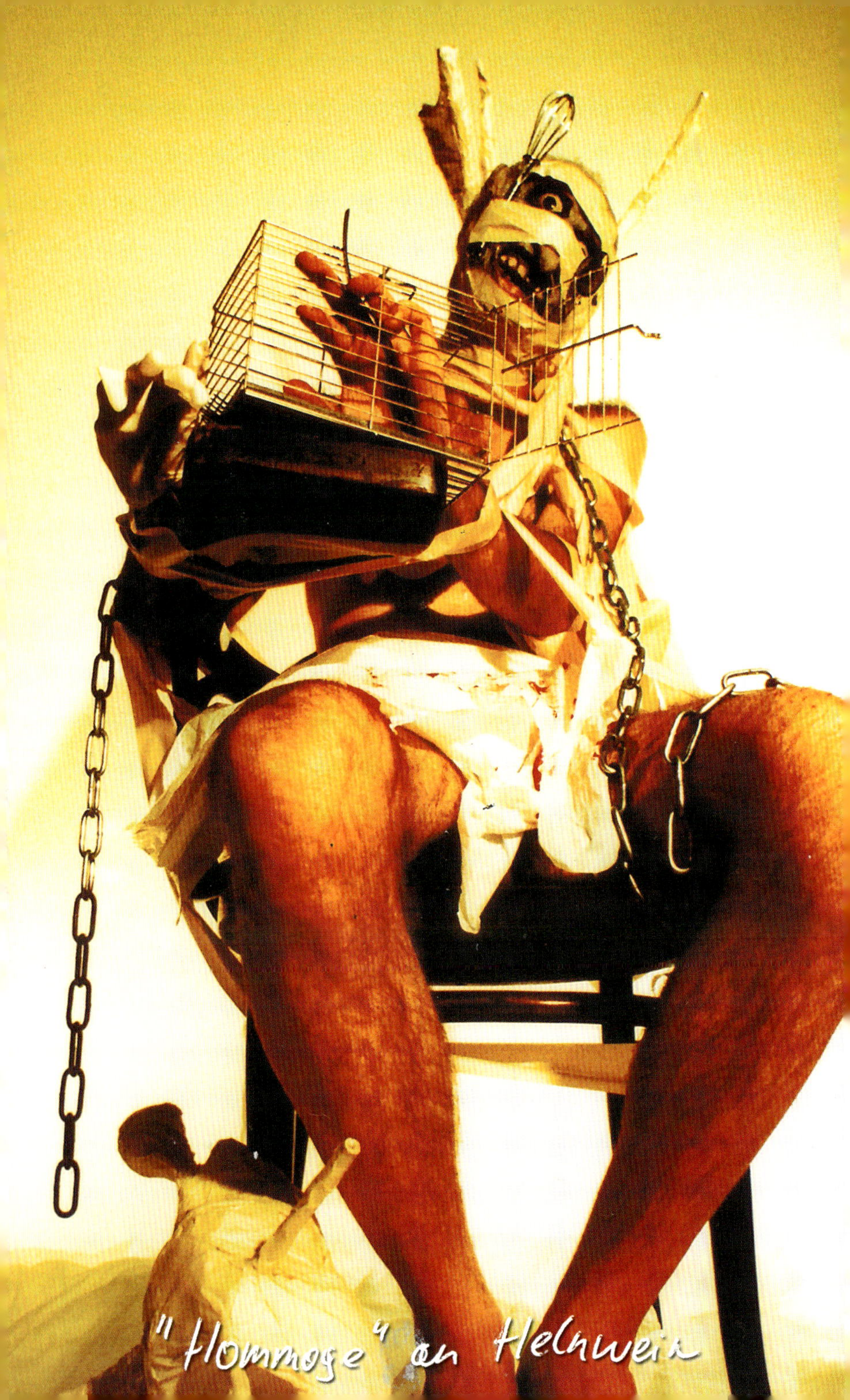
"Hommage" an Helnwein

ich bin der letzte Ritter.....

Der Tod bekommt immer was er will

Geile Sau
"Familienidylle"
– Fotomontage wo alle Gesichter ich selber bin

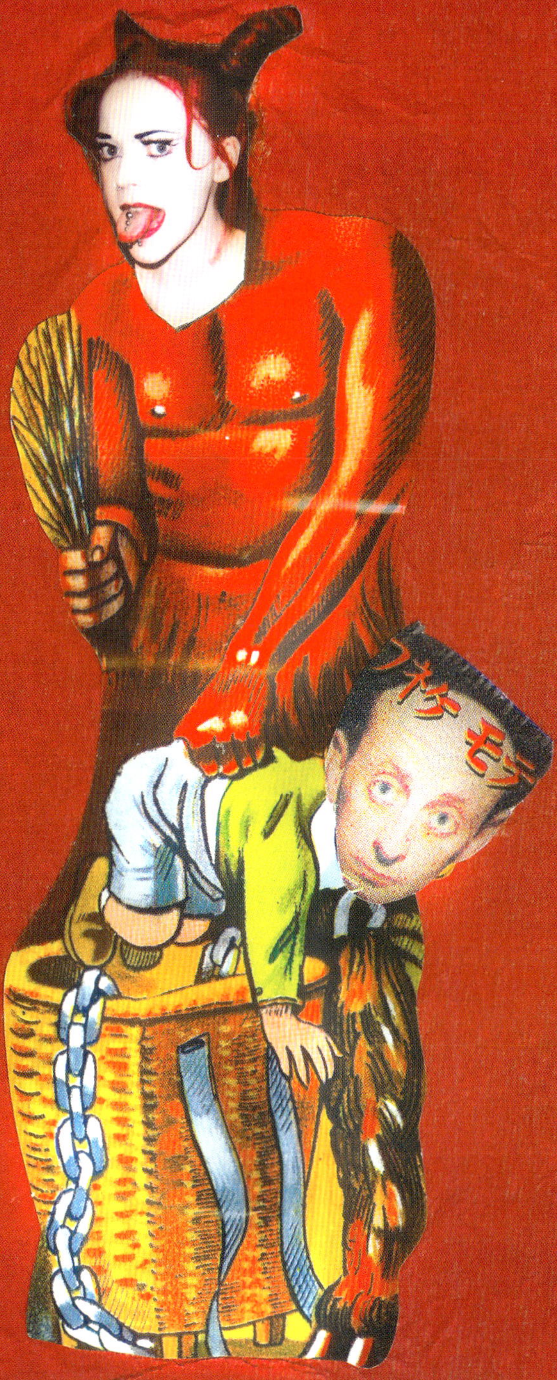

Parasolia ist als Krampus noch wilder wie privat

Zürich ausverkauft
vorher

nachher

ALF ICH WILL NOCH 1 KIND VON DIR!
manche Dinge verstehe nicht einmal ich

Sold für Mitsibischi
BEST OF KABARETT
ALF POIER
INCL. SONG CONTEST IN RIGA 2003
DOPPEL DVD
ORF

Leo Bei und Tom Rippel

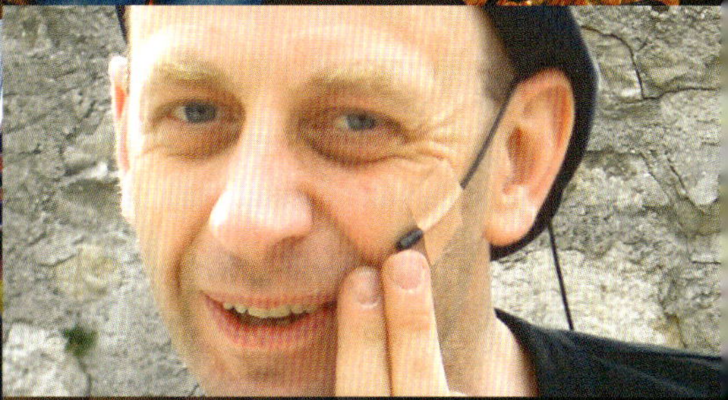

musse esse

Techniker Karl und ich backstage
ZEIT KULTUR AM HAFEN
KAMI-KATZE

Alf Poier
Songcontest-Flyer 1
The Winner Takes It All

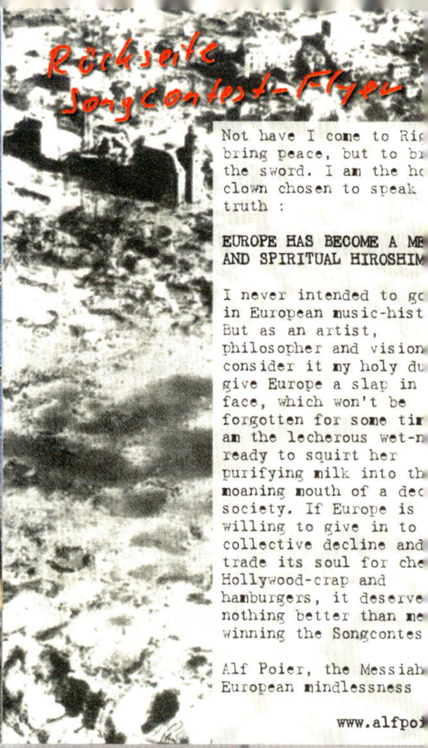
Rückseite Songcontest-Flyer
Not have I come to Ri
bring peace, but to b
the sword. I am the h
clown chosen to speak
truth :
EUROPE HAS BECOME A M
AND SPIRITUAL HIROSHI
I never intended to g
in European music-his
But as an artist,
philosopher and vision
consider it my holy d
give Europe a slap in
face, which won't be
forgotten for some ti
am the lecherous wet-
ready to squirt her
purifying milk into th
moaning mouth of a de
society. If Europe is
willing to give in to
collective decline and
trade its soul for che
Hollywood-crap and
hamburgers, it deserve
nothing better than m
winning the Songconte
Alf Poier, the Messia
European mindlessness
www.alfpo

Because Humans Count
Weil der Mensch zählt
Songcontest-Flyer 2

BILLA

mit meinem Manager Rene Berto

ich als Berlin

schlafen im Zug

gute Show – gutes Geld

Vati, Bruder, Mutti, ich

mit meinen Jugendfreunden und meinem Bruder (rechts) – (ich in der Mitte)

auch mein Opa war sch[illegible]

als Hardrock-Schlagzeuger

reif für die Psychiatrie

als Schnulzen-Nutte
am Musikerstrich

Wenn sich die Kunst nicht mehr auskennt
braucht der Raum keinen Platz mehr

Gestern bin ich nächtelang in einem Wiener Gruftielokal herumgesumpert und erst sehr spät nach Hause gekommen. Heute war ich den ganzen Tag lang in eine Energie-Dauerwelle eingehüllt, dass ich glaubte, ein Duracell-Hase zu sein. Das ist so eine Art Glückstrauma, das das Sein als Resonanzraum benützt. Dann aber macht das Leben wieder eine verkehrte Wendung und bringt großes Unheil. Rheuma, Fußvermaledeiung und Bandscheibenvereisung. Aber so ist das nun mal. Deshalb ist es immer gut, wenn man spürt, dass man das, was man zu sein scheint, nicht wirklich sein muss. Man ist nur eine kurze Pausenerscheinung. Wenn der Film aus ist, gehen die Leute nach Hause und vergessen wieder alles. Dann kommt ein neuer Film. Zum Beispiel „Tatort" oder einfach nur eine Dauerwerbesendung für lackierte Miststiefel.

Immer, wenn ich mit einer Frau im Bett liege, habe ich das Gefühl, dass ich ihr nicht nahe genug sein kann. Wenn man jemanden wirklich gerne hat, so möchte man doch mit dieser Person eins werden. Wenn die Frau zum Beispiel Doris heißt, dann möchte ich auch so heißen. Man möchte nicht mehr jemand anderer sein, als derjenige, der neben einem im Bett liegt. Manchmal kann das für kurze Zeit im sexuellen Liebeszirkus auch gelingen. Man vergisst sich selbst - und wird. Danach ist meistens alles wieder gleich. Und was zurückbleibt, ist ein komisches Gefühl der Leere und Zurückwünschung des Höhepunktes. Deshalb gibt es wahrscheinlich Frauen, die nymphomanisch werden, und Männer, die zehnmal hintereinander aufspringen. Aber irgendwann ist auch das vorbei - und die Frage ist: Was ist dann? Es muss doch irgendeine andere Lösung geben, um mit jemandem wirklich eins werden zu können. Einmal da hatte ich eine Vision, als ich eine Frau ansah und sie mich ansah. Plötzlich hatten wir beide DAS

GEFÜHL. Es lässt sich nicht wirklich beschreiben, aber es war so ähnlich, als ob plötzlich der Zwischenraum zwischen uns verschwunden wäre. Da war nur noch Sein. Ihr Sein war mein Sein, und mein Sein war ihr Sein. Das war wie gesagt nur eine Vision, aber es war trotzdem genau das, was ich mir seit vielen, vielen Jahren schon wünsche. Ich hoffe, dass ich das bald einmal auch im „wirklichen" Leben mit einer Frau auf die Reihe kriege. Sollte ich jemals eine Frau kennen lernen, mit der ich diesen - ich nenne ihn hier „kosmischen Orgasmus auf Sichtbasis" erleben darf, so werde ich ihr ausnahmsweise sogar etwas Spezielles kochen. Zum Beispiel Fischstäbchen mit Lachsbeilage oder Reis zum Selberwerden.

Eine andere kosmische Einheitsvision hatte ich, als meine Finger sich selber zu bewegen begannen, was ja noch nichts wirklich Besonderes zu sein scheint. Das Besondere daran war, dass mein Zeigefinger plötzlich so schnell zu klopfen begann, dass sämtliche Spechte in der ganzen Umgebung vor Neid zu Kohlehydrat verdampft wären. Es war nicht einmal mehr ich selber, der hier klopfte - es war das Klopfende. Es gab nur noch Energie. Mein Zeigefinger war so schnell, dass man ihn nicht einmal mehr sehen konnte. Wahrscheinlich aber ist das alles erst eine sehr leichte Form der kosmischen Energieverhütung. Ich habe zwar keine Beweise dafür, aber ich bin mir mittlerweile sicher, dass man mit Hilfe kosmischer Energie sogar gratis Häuser ausreißen könnte. Das Allerbeste allerdings, das ich jemals erlebt habe, war, als das ganz große Licht kam. Einmal ist mir das während dem Schlaf passiert und einmal während der Meditation. Zuerst habe ich panische Angst bekommen. Nicht eine von den Ängsten, die man aus dem „normalen" Leben kennt. Es war die allerletzte aller Existenzängste. Es war die

Angst vor der letztgültigen ewigen Auslöschung. Ich weiß zwar nicht wie, aber irgendwie schaffte ich es, über diese Angst hinwegzukommen. Dann war plötzlich nur noch Licht. Licht ohne Quelle. Es gab weder mich, noch etwas von mir Getrenntes. Es gab nur Licht, das aus sich selbst, für sich selbst leuchtete. Es war das angenehmste und mich wahrscheinlich am meisten beeindruckendste Gefühl, das ich jemals hatte. Doch - Wusch! - war es wieder weg. Ich weiß bis heute nicht genau, was ich da wirklich erlebt habe und wie lange diese Lichtjause in Wirklichkeit gedauert hat. Ich nehme an, dass es so etwas Ähnliches war, wie die Menschen, die eine Nahtod-Erfahrung gemacht haben. Keiner von ihnen wollte jemals wieder zurück in sein normales Leben. Zurück zu den Würsten, Essiggurken und einer Bretteljause am Brunnen vor dem Tore. Ich übrigens auch nicht!

Im Zen-Buddhismus sagt man, dass diese Erlebnisse nicht wirklich etwas bedeuten und dass man sich eigentlich gar nicht um sie kümmern soll. Es geht nicht darum, irgendwelche Lichter, Figuren oder fette Engelskinder zu sehen. Es geht einfach nur darum, jetzt hier zu sein. Wenn man sich an solchen Erlebnissen festhält, dann will man sie immer wieder erleben. Man wünscht sich nichts anderes mehr, als dieses oder jenes wieder erleben zu können. Genau diese Erwartungshaltung ist dann sehr oft daran schuld, dass die Meditation nicht gelingt. Man soll nicht meditieren, um damit etwas zu erreichen, man soll einfach nur meditieren, um zu meditieren. Der Rest kommt von selber. Egal. Trotzdem werde ich diese Begegnung mit dem Licht nie mehr vergessen.

Eigentlich gibt es im Leben nur zwei Arten der Suche. Die erste Suche ist diejenige nach einem geeigneten Beruf und einer dazugehörigen „realen“ Lebensweise. Die zweite Suche ist die nach dem „Absoluten“. Ein Zen-Meister würde sagen, „man soll mit einem Fuß in der Realität und mit dem anderen in der Absolutheit stehen“. Was nützt es uns, wenn wir uns in den abgehobensten mystischen Ebenen oder drogenbeknacktesten Gesamtzuständen bewegen - und nicht wissen, wovon wir unsere Kartoffelchips und Yoghurte bezahlen sollen? Wen man aus irgendwelchen ekstatischen Geisteszuständen in die „Realität“ zurück kehrt, so wird man trotz allem wieder mit dem Alltag beschäftigt sein und sich um die Dinge kümmern müssen, denen keiner von uns zu entkommen vermag: Essen, Trinken, Butter kaufen, Kamin löten oder Klo putzen. Allerdings aber gibt es in Indien sogar einen Ashram, wo man lernen kann, ohne Essen zu leben. Die Tante von einer Ex-Freundin von mir lebt sogar selber dort und ist angeblich äußerst begeistert von dieser Lebensweise. Ich selber allerdings bin froh, dass ich immer wieder Hunger habe und mir derartige Leckerbissen wie Sushi oder panierte Steinpilze nicht versagen muss. Außerdem wüsste ich ja gar nicht, was ich mit der überschüssigen Zeit, die ich mir durchs Essen erspare, anfangen soll. Mir ist ja auch so manchmal schon langweilig genug. Es gibt auf dieser Erde genug Leute, die bewusst allem entsagen und freiwillig durchs Leben leiden wie die verbrannten Zuckermöpse. In Indien gibt es die so genannten Sadus. Ich habe einmal ein Foto von einem Sadu gesehen, der ein Leben lang seine Hand in den Himmel gestreckt hat. Die Hand war schon ganz schwarz und abgefault. Ein anderer hat sich an einem Baum festbinden lassen und hat ab diesem Zeitpunkt nur noch von dem gelebt, was rund um diesen Baum gewachsen ist. Eines Tages lies er sich losbinden und wälzte sich quer durch ganz Indien. Wirklich - das ist kein Spaß! So etwas gibt es wirklich. So ähnlich ist der Buddhismus entstanden. Nachdem ein großer Sucher alles Mögliche versucht hatte, das „Letzte“ im Leben herauszufinden, wollte er eines Tages zu einem See, um Wasser zu holen. Allerdings war er durch seine jahrelange asketische Lebensweise schon so geschwächt, dass er nicht mehr die Kraft hatte, zu diesem See zu kommen. So dachte er: „Wenn ich nicht einmal mehr die Kraft habe, zu diesem See zu kommen, wie sollte ich dann jemals genug Kraft haben, Bewusstsein über mich selbst zu erlangen?“ Darauf aß und trank er wieder - und fand so den Weg der Mitte. Aus dieser Erkenntnis heraus wurde er erleuchtet. So - oder zumindest so ähnlich - habe ich das in Erinnerung. Bestimmt gibt es auch Leute, die in den äußersten Geistes- und Versenkungszuständen verweilen können. Ich möchte das auch können. Die Frage ist immer nur: Was macht man, wenn man aus diesen Zuständen zurückkommt in die Realität? Deshalb glaube ich, dass das Leben weder eine Flucht ins Leben, noch eine Flucht aus dem Leben sein soll. Die Leute laufen hyper-realitätsgeil durch die Straßen und wissen nicht mehr, was sie sich noch alles kaufen sollen, damit sie sich wenigstens einmal am Tag selbst befreudigen können. Das ist dann derselbe Hasenzirkus, wie wenn man die Hand so lange in die Luft hält, bis sie von selber faul wird. Aber wenn es jemand wirklich als seine Bestimmung sieht - warum nicht? Ein Katzerl oder ein Haserl allerdings würde niemals auf eine solche Idee kommen. Das ist eher typisch für die Menschen!

Angenommen, man könnte wirklich ein ganzes Leben lang in kosmischer Meditation, in völliger Glückseligkeit verbringen - oder man könnte diesen Zustand auch künstlich herstellen. Zum Beispiel durch spezielle Pillen, Magnete, Spritzen oder was auch immer. Wäre es dann erlaubt, ein neugeborenes Kind ab dem ersten Tag nach seiner Geburt in diesen Zustand zu versetzen? Das Kind würde dann ein Leben lang in völliger Glückseligkeit dahinschweben und irgendwann nach siebzig, achtzig oder hundert Jahren glücklich sterben. Das Kind hätte ein wirklich glückliches Leben gehabt. Vielleicht hätte es ein Leben lang nur geträumt, dass es lebt, aber es hätte nur glückliche, schöne Träume gehabt. Falls dies irgendwann einmal möglich sein sollte, so frage ich mich, wäre das überhaupt erlaubt? Darf man einen Menschen, ohne ihn vorher gefragt zu haben, ein Leben lang glücklich machen? Oder nimmt man ihm damit die vermeintliche Freiheit? Hat der Mensch - lustig gesprochen - vielleicht nicht doch ein angeborenes Recht auf Traurigkeit, Krankheit, Alter und Siechtum? Und wenn das wirklich so ist, hat man dann überhaupt das Recht, jemandem zu helfen? Oder verletzt man durch seine Hilfe das Grundrecht des Menschen auf Leiden? Jetzt kenn' ich mich selber nimmer aus!

Die Türe geht auf, und ein großer, weißer Raum erscheint. Man geht ziemlich lange, bis man an das andere Ende des Raumes kommt. Dort befindet sich eine zweite Türe. Man öffnet auch diese Türe - und dahinter befindet sich wiederum ein großer, weißer, leerer Raum. Aus diesem Raum hinaus führen zwei weitere Türen. Auf der einen Türe ist vorne eine große Fischleber hinauf genagelt und auf der anderen Tür steht in großen Buchstaben „Zutritt nur für Schnittlauchpersonal". Man überlegt für kurze Zeit, welche man wirklich öffnen möchte. Später aber kommt man drauf, dass beide Türen wieder nur in einen großen, weißen, leeren Raum münden. Nach etwa zwanzig weiteren leeren Räumen taucht plötzlich, wie aus dem Nichts, eine Gestalt auf. Links neben dem Gesicht hat diese Gestalt einen kleinen Rüssel. Wer ist diese Gestalt?

Für viele Millionen von Jahren nahm die Evolution ihren Lauf. Zuerst gab es nur die Stille. Aus ihr heraus kamen das Wasser, das Feuer und der dazugehörige Rauch. Berge verkristallisierten sich vom Himmel und ein Fluss erschien plötzlich wie von der Tarantel gestochen am Horizont. Luft blies von links nach rechts. Aus einem daneben stehenden Dornengehäuse pfauchte eine kalte Creme heraus und wälzte sich abwärts. Der vorläufige Raum spaltete sich in zwei dazupassende Teile: Berg und Flachland. Etwas abseits davon uferte plötzlich etwas aus. Es war ein See. Die Klarheit des Sees war so groß, dass es kaum eine Möglichkeit gab. Doch noch war alles von den Einwohnern verlassen. Es gab noch keine gepanzerten Tiere, keine Raketen und auch sonst keine angemeldeten Benützer. Viele, viele Jahre sumperte die Evolution so vor sich hin. Niemand sah irgendetwas, da es ohne Menschen und Tiere noch gar keine Augen gab. Den Ohren ging es auch nicht viel besser. Manche von ihnen warteten schon so auf ihr dazugehöriges Gehör, dass sie fast schon wieder eitrig wurden. Lange Zeit war es nur still, kalt, etwas regnerisch und romantisch. Dann sang ein Vogel. Sein Lied war so schön, dass es auch denjenigen gefiel, die noch gar nicht zuhörten. Das leise Fletschen einer ungarischen Wau-Wau-Wau-Hündin kam hinzu. Ein Wurm bohrte sich breitseitig durch das Gelände von Westjordanien. Die Wüste begann, ihre unermessliche Schönheit voll zu entfalten. Ein ganzes Meer von Blumen und Stängeln wuchs aus ihrer inneren Zentriertheit. Rosen, Tulpen, Nelken - alles was das Herz der Stachelbienen begehrte, bevölkerte das gerade noch so trostlose Land. Die ganze Biologie wurde zur sanften Erschöpfung ihrer selbst. Die Südfrüchte wanderten aus dem Norden in den warmen Süden und wurden so zum ersten Mal in ihrem Leben total reif. Büffelherden von Abertausenden von Teilnehmern wanderten durch das saftige Gras und hinterließen ihren fleischigen Eindruck. Affenhorden aus mehreren Nationen wanderten flussaufwärts und erfanden so die Bananenhechte. Es war die kreativste Zeit, die die Erde als Mutter jemals erlebt hatte. Für viele Milliarden von Jahren gab es nichts, was auch nur einen einzigen Gedanken erforderte. Die Dinge wuchsen und gediehen aus der unantastbaren Genauigkeit des Universums heraus. Die Kosmologische Energie ließ alles werden - und es war gut. Plötzlich aber wurde es dunkel. Der Himmel verfinsterte sich - und die Menschen fielen über die Erde her. Das Schlechte daran waren aber nicht die Menschen selber, es war ihr Denken. Für viele Myriaden von Jahren hat die Evolution keinen Fehler gemacht. Alles war total perfekt. Dann aber kam der Mensch und hatte plötzlich eine Meinung. Niemals zuvor hatte jemand eine Meinung gehabt und alles konnte in Frieden vor sich herwachsen. Plötzlich aber hatte jemand eine Meinung, und diese Meinung war, dass ohne Denken auf dieser Welt nichts möglich ist. Es wurden die Schulen erfunden, die Universitäten, die Abendkurse und Fortbildungskurse. Niemand wollte nur ja nicht mehr auf das Denken verzichten. Wer nicht denken konnte, der musste es lernen. Nach so vielen Jahren des Nichtdenkens der Evolution glaubte man plötzlich, ohne Denken nichts mehr tun zu können. Was die Konsequenz dieser Arroganz war, kann jeder für sich selber beurteilen. Eines jedenfalls möchte ich hier noch kurz dazufügen. Da ja niemand und nichts im Leben alleine kommt, so kam auch das Denken nicht alleine. Es brachte gleich auch seine zwei besten Freunde mit: Die Irrenhäuser und die Klapsmühlen! An dieser Stelle verspreche ich euch die Wahrheit über die Zukunft. Wenn nämlich alles so weitergeht, wie es momentan aussieht, so werden sich in Zukunft die wenigen „Eingeweihten“, die es noch gibt, freiwillig in die Irrenhäuser einliefern lassen und die ganzen Idioten werden ein Leben lang frei herumlaufen. Da bleibt nur noch eine Frage: Wie kam das Pferd in die Flasche?

Da fällt mir jetzt wieder die Zeit rund um den Song-Contest 2003 ein, als mich ein Journalist fragte: „Herr Poier, wo hört sich eigentlich der Spaß auf?" Darauf sagte ich: „Selbstverständlich bei der Geburt!" Mit den Journalisten hatte ich beim Song Contest sowieso meinen Spaß. Es gab so viele Interviewanfragen, dass ich das so genannte „individuelle Interview" erfand. Jeder Journalist musste vorerst eine bestimmte, genau beschriebene Aufgabe erledigen, um ein Interview zu bekommen. So ließ ich mich von einigen Journalisten beschimpfen oder ließ mir das Wiener Telefonbuch - beginnend mit „Juliana Ficker" - vorlesen, was für mich als Zuhörer sehr lustig war. Die Journalisten mussten bereits vor dem Interview diese Bedingungen akzeptieren und alle Rechte für die weitere Verwendung meinerseits dafür freigeben. So konnte ich die Interviews alle mitfilmen und vielleicht werde ich sie irgendwann sogar einmal veröffentlichen. Eine Journalistin musste sich einen Vogelkäfig aufsetzen und dazu Lambada tanzen. Einen anderen wiederum hat mein Manager am Bahnhof abgeholt und die Augen verbunden. Dann fuhr er mit ihm in eine Tiefgarage im fünfzehnten Bezirk von Wien. Dort wartete ich hinter einer Sadomaso-Maske versteckt in meinem Tourneebus. Der Journalist musste vorne in den Bus einsteigen, durfte sich nicht umdrehen und musste ganz still sein. Dann nahm ich ihm das Taufgelöbnis ab. Danach erst gab es die Möglichkeit, Fragen zu stellen. Diese Tatsache nenne ich das „Interview als Performance". Im Anschluss schreibe ich nun das Manifest zum individuellen Interview, das einige Journalisten im Original erhalten haben:

„Plötzlich wurde mir etwas klar - aber ich wusste nicht, was. Es war das individuelle Interview. Es geht darum, dass die Interviews meinem bereits veröffentlichten Europäischen Manifest zum Songcontest-Sieg (ihr könnt das dann weiter hinten lesen) angepasst werden müssen. Die Wirklichkeit zwischen JournalistIn und Künstler muss das Direktverhältnis ihrer selbst sein. Das künstlerische Direktverhältnis erreicht man zum Beispiel durch ausdrucksstarkes Fippern während des Interviews, durch lange mit Sardinendosen behangene Verbindungsschnüre, durch Minutenzählen im Wurstzeigersinn, durch anmutende Flurschäden im Wind. Niemand weiß die Welt, niemand trennt den Raum, keiner regnet das Zeitliche - diese Welt ist ein Absurdum, ein Mastdarm ohne Ausgang, eine Pfefferminzpolizistin im Schneckenregen, ein unendlicher Zitterrochen im gespreizten Türkis einer Ameisenvagina.

Jeder Journalist bekommt deshalb von mir eine spezielle Auflage, das Interview zu führen. Die Kriterien müssen unbedingt eingehalten werden. Warum, weiß ich nicht. Es ist halt so. Bei Nichteinhaltung der Kriterien werde ich das Interview mit meinem geistigen Stecken abbrechen und in den heilenden Raum meiner persönlichen Herkunft zurückkehren.“

Beim Song Contest direkt in Riga habe ich in zwei Tagen zirka achtzig Interviews gegeben. Leider war nicht mehr Zeit. Wenn ich noch etwas Zeit gehabt hätte, dann wäre ich bestimmt nicht Sechster geworden, sondern nur Fünfter oder Dritter. Diese Welt ist bereits so vertrottelt, dass man mit ganz einfachen Mitteln die gesamte Europäische Presse um sich versammeln kann. Dazu hat in meinem Fall ein Ameisenhaufen als Geschenk für den

Bürgermeister von Riga und das dazupassende Outfit gesorgt: Ein Siebenzylinderhut. Bei der Pressekonferenz selber bin ich manchmal mit Beißkorb aufgetreten, dann auch wieder als Bodenhaltungskartoffel, oder einfach nur ganz anders. So bin ich in vielen Europäischen Fernsehsendungens gewesen und konnte super über Europa schimpfen. Ich ließ auch Postkarten drucken, wo vorne ich selber darauf war, wie ich einen ölverschmierten Vogel aus dem Meere ziehe. Darüber stand: „Weil der Mensch zählt.“ Auf der Hinterseite war eine zerbombte Stadt drauf und ein Text von mir, wo ich Europa als „geistiges und spirituelles Hiroshima“ bezeichnete. Diese Postkarte hat jeder Journalist von meinem Manager direkt zugeliefert bekommen. Zwischendurch gab es auch immer wieder Aktionen von mir, wo die Lustigkeit ein Teil davon war. Der ORF selber war da ja nicht so ganz auf meiner Seite. Man hat mir sogar eine ganze Wagenladung Designerklamotten geschickt, um mich so richtig schick und abgeschleckt aussehen zu lassen. Ich habe mir als Erinnerung an das ganze Desaster ein T-Shirt davon herausgenommen und den Rest wieder zurückgeschickt. Ich könnte hier noch allerlei Lustiges und Frustiges vom Song Contest und der ihn umgebenden Biederkeit erzählen, aber das kennt man vielleicht ja eh schon und will an dieser Stelle lieber etwas weiterblättern. Abschließend möchte ich hier nur noch das sagen, was ich bei „Vera“ gesagt habe, als man mich beschuldigte, eine Schande für Österreich zu sein, und dass man wohl den größten Dummkopf im Lande ausgesucht hat, Österreich beim Song Contest zu vertreten. Ich sagte darauf nur: „Es ist überhaupt kein Problem, wenn man dumm ist. Ein Problem ist es nämlich nur dann, wenn man es nicht weiß - und ich weiß es wirklich. Aber dafür musste ich hart arbeiten und viele Bücher lesen.“

Für alle, die es niemals gelesen haben, schreibe ich hier auch noch ein letztes Mal mein offizielles Manifest zum Songcontest-Sieg nieder, das bereits im Vorfeld für einige Diskussionen gesorgt hatte:

„Warum ich mich beschlossen habe, am Europäischen Song Contest teilzuvernehmen ist der Grund selbst: Dieser unförmige Moloch von einem geistig verkommenden Europa lechzt nach einem heilenden Stern. Drei Tage und drei Nächte wird die Mitternachtssonne nicht vom Himmel weichen, Portugal wird zum holländischen Käsearschloch Europas und ein riesiger geschwängerter Brotlaib wird den Himmel über Estland zur Blutwurst machen. Es ist mein vollendetes künstlerisches Brot, das ich Europa als wohltuende Nahrung in seinen stöhnenden Mund führe. Ich bin die begattende Amme mit prallem Busen, die ihre reinigende Milch über den finnischen Meerbusen spritzen und in die russischen Atom-U-Boote ejakulieren wird. Ich bin der Umkehrschwung der stumpfsinnigen Karpfengesichter Brüssels. Das mir auferlegte musikalische Fegefeuer heißt 'Weil der Mensch zählt' - und handelt ausschließlich von den Tieren, denn diese Wesenheiten habe keine Sozialversicherung und müssen im Ölteppich sitzen, während sich am Perserteppich Europas die selbsternannten Gutmenschen wollüstig im Saft ihrer eigenen Verklärung suhlen. Nicht bin ich gekommen, um Frieden zu bringen - sondern das Schwert - Individualismus statt Kollektivismus - Ecken statt Kanten - hinweg mit den formatierten Mauern abgestumpfter europäischer Glattheit - Hosanna, Hosanna - ein Retter ist uns geboren!“

Unterschrieben habe ich mein Manifest wie folgt: „Alf Poier, der Provokateur der völkerlosen Begierde und des absoluten Individualismus.“ Manchmal unterschrieb ich auch mit „Alf Poier, der Provokateur der Europäischen Stumpfsinnigkeit.“

Warum wollen die Menschen zum Mars fliegen und herausfinden, ob es im Universum intelligentes Leben gibt? Glaubt der Mensch wirklich, dass „intelligente Lebewesen“ mit ihm sprechen würden? Wie intelligent ist der Mensch, wenn er glaubt, „intelligente Lebewesen“ überhaupt als solche erkennen zu können? Wer sagt eigentlich, dass eine Ameise weniger intelligent ist als der Haufen dahinter? Wer sagt uns, was Intelligenz an sich ist? Natürlich der Mensch. Aber dann soll er doch mal versuchen, in einem Ameisenhaufen zu leben. Vielleicht sind die Ameisen so intelligent, dass wir sie nicht verstehen können. Wie wollen wir mit außerirdischen Lebensformen sprechen, wenn wir es nicht einmal mit den irdischen schaffen? Sogar die Erde selber spricht mit uns. Aber wir können die Sprache unserer eigenen Mutter nicht verstehen. Die Sprache der Mutter Erde sind die Bäume, Flüsse, Berge und Früchte. Die Erde teilt sich uns durch ihre eigene Biologie mit. Wenn man auf der Wiese eine Blume sieht, so spricht die Erde durch diese Blume zu uns. Sie sagt: „Sieh’ mich an, ich schicke dir Rosen!“ Aber auch die Rose selber spricht zu uns, unabhängig, was die Erde uns durch sie sagt. Die Rose selber sagt: „Greif’ mich nicht an, ich bin zwar geil, aber ich kann auch stechen!“ Jedes auch noch so kleine Ding in der Natur ist die Sprache der Erde. Manchmal schimpft die Erde auch mit uns. Dann gibt es zum Beispiel ein Erdbeben oder einen Wolkenbruch. Die Sprache der Erde ist so schön, dass sie nicht einmal eine Antwort verlangt. Das einzige, was sie wirklich erwartet, ist, dass wir ihr zuhören. Doch wir hören nicht auf sie. Wir beliefern sie mit Dreck und elektrischen Kanzleimist. Wir schütten ihr das heiße Öl ins Gesicht und treten ihr den Reis aus dem Kopf. Und trotzdem liebt sie uns. Sie gibt uns dafür Kartoffel, Möhren und Mais. Sie schickt uns den kühlen Wind und heilt uns mit ihren Kräutern. Sie lässt das kristallklare Wasser aus dem Berg sprudeln und gießt mit ihrem eigenen Regen die Kirschen. Wir aber machen Schnaps aus den Kirschen und besaufen uns damit. Wir schicken die Kirschen in die Putzerei, reinigen sie dort von der Röte und schicken sie in die Papierfabrik. Dann wischen wir uns mit dem Kirschen-Klopapier die Ärsche aus und bauen Fabriken, wo man künstlich Kirschen herstellt. Wir stellen aber auch künstliche Äpfel und künstlichen Badezimmerspeck her. Wir basteln uns künstliche Brote und künstliche Butterziegen. Das alles nehmen wir gerne in Kauf und freuen uns über den künstlichen Geschmack in einer künstlichen Welt. Bald wird es so weit sein, dass es nur noch zwei natürliche Dinge auf der Welt gibt: Den Scheißdreck und das dazugehörige Klopapier!

Die meisten Menschen auf dieser Welt wollen nicht durchschaut werden. Sie verstecken sich hinter einer Maske, die verschiedene Nasen hat. Wozu? Ich denke mir, wenn sich jemand nicht wirklich so zeigt, wie er ist, was ist er dann? Wahrscheinlich haben die meisten Menschen Angst, als das erkannt zu werden, was sie „wirklich" sind. Wenn man sich nämlich nicht versteckt, dann kann man sehr leicht gefunden werden. Und wenn man gefunden wird, dann kann man auch verletzt werden. Die Polizei kann deshalb auch nur diejenigen Verbrecher einsperren und bestrafen, die sich entweder freiwillig melden oder die gefunden werden. Die Menschen glauben immer, dass es ein Nachteil ist, wenn man gleich durchschaut wird. Sie versuchen sich so lange zu verstecken, bis sie sich eines Tages selber verlieren und nicht mehr finden. Sie spielen sich gegenseitig so lange ein Theaterstück vor, bis sie eines Tages von der Bühne fallen und vom Publikum zerklatscht werden. Dann platzt auf einmal alles heraus - und die Welt ist plötzlich doch rund. Deshalb freut es mich immer, wenn ich im Supermarkt etwas kaufen kann, wo die Verpackung durchsichtig ist. Wenn man nämlich durch die Verpackung nicht durchschauen kann, dann ist oft etwas ganz anderes drinnen als eigentlich draufsteht. Zum Beispiel Gemüse anstatt Karotten und Weihrauch. Weil die meisten Menschen aber etwas anderes sein wollen, als sie eigentlich sind, verpacken sie sich so, dass man nicht sieht, was innen drinnen ist. Das finde ich eigentlich sehr schade, weil man dann oft sehr lange braucht, bis man einen Menschen ausgewickelt hat. Wenn man ihn dann aber nach langer Zeit endlich ausgepackt hat, ist man ziemlich enttäuscht, weil die Verpackung das Interessanteste an ihm war. Tarnen und Täuschen ist etwas, das in der Natur sehr, sehr oft vorkommt, weil die meisten Tiere sonst ein zu leichtes Opfer für ihre Fremdfeinde wären. Mir haben im Laufe meiner diversen Jahresabläufe immer wieder Menschen mit eher abschätziger Miene gesagt, dass ich sehr leicht zu durchschauen bin. Ich selber finde das aber sehr super, weil dann brauche ich keine Angst davor zu haben, irgendwann durchschaut zu werden. Wenn ich eines Tages so weit bin, dass mich alle Menschen sofort durchschauen können, dann habe ich viel erreicht. Dann kann ich irgendwann sogar mitten durch die Menschen gehen, ohne dass ich gesehen werde, weil ich bereits so durchsichtig geworden bin. Die beste Tarnung ist deshalb nicht die Tarnung und die Verpackung, sondern die maximale Durchsichtigkeit.

Viele jugendliche Kinder und erwachsene Jugendliche wissen oft nicht, wohin sie sich wenden sollen, wenn

Schmerz und Gram sie aus der Lebensbahn werfen. Sie mögen nicht die Lehrer, sie mögen nicht die Eltern und sie mögen auch nicht den Pfarrer. Sie haben keine Freunde mehr und mögen auch nicht den Wald und die Bäume. Sie mögen auch nicht arbeiten und mögen auch nicht herumsitzen. Sie mögen eigentlich überhaupt nichts mehr. Wohin sollen diese Leute sich wenden? Dazu möchte ich sagen, dass ich mich speziell an diese Leute wende. Wenn ich dieses Buch fertig geschrieben habe und dann hoffentlich mein geistiger Sterbeprozess beendigt ist, dann werde ich für mich selber nicht mehr viel zu tun haben. Wenn ich mich dann endlich selbst erledigt habe, dann habe ich hoffentlich genug Zeit, Inspiration und kosmische Energie, auch andere erledigen zu können, falls dies überhaupt möglich ist. Ich möchte dann eine dazupassende Welt bauen und hauptsächlich kosmisch sein. Dann werde ich als Raum durch die Gegend reisen und dort Verwirrung bringen, wo ich es für notwendig halte. Dort aber, wo bereits Verwirrung ist, werde ich Raum bringen. So hatte ich eben vor kurzem wieder eine meiner Visionen, wo ich mich durch Wände durchmaterialisierte und Gegenstände aufhob, ohne sie überhaupt jemals berührt zu haben. Und ich sage euch, das klingt vielleicht verrückt, aber diese Visionen sind für mich oft wirklicher als die Wirklichkeit selbst. Das intensive Gefühl, das ich dabei hatte, als ich durch die Wand ging, habe ich im wirklichen Leben fast gar nicht. Ich weiß zwar, dass es um derartige Dinge überhaupt nicht geht, aber Spaß macht es trotzdem. Bevor ich zu meditieren begann, habe ich solche Erlebnisse kaum gehabt. In letzter Zeit allerdings häufen sie sich so, dass ich mich schon darauf freue, wenn sie sich noch mehr häufen. Wenn einen dabei auch noch die kosmologische Energie durchbeutelt, dann ist der Spaß überhaupt noch superer.

Zwei Personen haben in meinem Leben eine Rolle gespielt, ohne dass ich sie jemals kennen gelernt habe. Eines Tages träumte ich nachts von einem älteren Mann, der mir die Hände auf den Kopf legte. Im selben Moment, in dem er mich berührte, war alles super! Dann sah ich am Himmel in ganz großen Blockbuchstaben einen Namen stehen. Der Name war HENRY LUIN. Immer wieder in meinem Leben habe ich versucht herauszufinden, wer dieser Henry Luin ist. Warum sollte ich einen Namen träumen, den es gar nicht gibt? Als ich in Australien war, schaute ich im Telefonbuch von Sidney nach und fand dort den Eintrag „H. Luin". Ich rief sofort an, doch es hob niemand ab. So schrieb ich mir die Telefonnummer auf und versuchte es aus Österreich noch einmal. Am Apparat war eine Frauenstimme - und ihr Name war nicht Henry sondern Harry. Ich erzählte ihr von meinem Traum und sie sagte mir, dass ich in Italien weitersuchen sollte, weil Luin ein italienischer Name ist. Bis heute jedoch habe ich noch keinen Henry Luin gefunden. Ein anderes Mal träumte ich wieder einen Namen. Der Name war SASKIA BERNHEIMER. Aber auch diesen Namen konnte ich bis jetzt nirgends finden. Wenn jemand von euch einen von diesen Namen schon einmal gehört hat oder eine dieser Personen sogar selber ist, so würde ich mich freuen, wenn ihr mich benachrichtigen würdet. Denn es kann doch nicht wahr sein, dass mein Unterbewusstes so bescheuert ist, dass es von Personen träumt, die es gar nicht gibt. Hilfe!

Heute war ich wieder mit dem Fahrrad durch die Stadt unterwegs. Ich finde Fahrrad fahren wirklich super. Das Fahrrad ist (mit Ausnahme der Schuhe) das intelligenteste Fortbewegungsmittel, das je erfunden wurde. Der Mensch hat zur Entwicklung des Fahrrades gleich lange gebraucht, wie zur Entwicklung des Flugzeuges. Das Fahrrad macht keinen Dreck und braucht nicht sehr lange. Ein Fahrrad ist nichts anderes als die runde Verlängerung unserer Beine mit Plus-Charakter. Manchmal bin ich so schnell damit unterwegs, dass mein Fahrrad fast zur Waffe wird. Genauer gesagt zur Lenk-Waffe. An jenen Tagen im Jahr, an denen ich mein Fahrrad nicht verwenden kann, bin ich oft ziemlich bewegungs-suizid. Deshalb ist das Wetter das einzige Minus vom Fahrrad. Je mehr Wetter über das Land zieht, desto schlimmer sind die Bedingungen für den Radfahrer. Nun zähle ich einige Feinde des Radfahrers namentlich auf: Eis, Sandsturm, Hochmoor, Landminen und Kugelblitze. Das Gefährlichste aber, was einem beim Radfahren dazupassieren kann, nenne ich jetzt extrig noch dazu. Es ist die Unachtsamkeit! Ich habe mir für mein Fahrrad sogar einen Anhänger gekauft, aber momentan habe ich nicht sehr viel zu transportieren. Aber auch diese Zeiten werden sich ändern, weil manchmal gibt es im Leben mehr zu transportieren und manchmal wieder weniger. Wenn dann aber eines Tages die Zeit kommt, wo alles über sich hinausplatzt und man selber nicht mehr weiß, was man noch alles transportieren soll, dann kann man froh sein, wenn man sich rechtzeitig einen Fahrradanhänger gekauft hat. Dann kommt es zu so genannten Hamsterkäufen. Aber was nützt einem dann noch ein Hamster, wenn man eigentlich einen Fahrradanhänger wollte?

Zu Ostern war ich wieder kurz zu Hause in der Obersteiermark. Da ist mir wieder eingefallen, wie das früher alles war. Es gibt ja den Brauch, dass man zu Ostern Feuer anzündet. Als Kinder sind wird deshalb tagelang in den Wald gegangen und haben Fichtenteile und Holz gesammelt, um ein möglichst großes Osterfeuer aufzuhäufen. Man musste aber sehr gut aufpassen, dass das Osterfeuer nicht schon vor dem Ostersamstag angezündet wurde. Es gab nämlich immer einige böse Buben aus der Umgebung, die versuchten, die Feuer schon vorher abzuheizen. Deshalb mussten wir das Feuer immer gut bewachen. Ansonsten wäre die ganze Arbeit umsonst gewesen und man hätte nicht einmal gesehen, wie der ganze Haufen davon brennt. Das war alles ein riesengroßes Abenteuer. Da war der Osterhase dagegen nur eine uninteressante Nebenerscheinung mit Weichei-Charakter. Viel wichtiger war es, ständig beim Feuer zu sein und darauf zu achten, dass man abends am Lagerfeuer die hübschen Mädchen nicht übersah. Manche Bewacher und Besucher waren dort so besoffen, dass sie es nicht einmal gemerkt hätten, wenn sie selber samt dem Feuer abgebrannt wären. Ich selber allerdings habe damals weder getrunken noch geraucht. Für mich war es wichtig, dass unser Feuer das größte war. Das ganze Jahr freute ich mich schon auf diese Tage. Unsere ganzen Kleider rochen nach Rauch und unsere Hände waren vom vielen Holzschleppen voller Pech und Blasen. Rundherum war der Wald. Das war so ähnlich wie im Winter beim Schlittenfahren. Da gingen wir in größeren Gruppen verschiedene Waldwege hoch und fuhren dann gemeinsam hinunter. Das Interessantere als das Runterfahren allerdings war das Hinaufgehen. Da konnte man in der Dunkelheit über Dinge sprechen, über die man vielleicht bei Tageslicht nicht gesprochen hätte. Manchmal waren auch Mädchen dabei, aber da fehlte ja total der Mut dazu, dass man sich etwas angefangen hätte. Mir fehlte ja sogar beim Abwärtsfahren der Mut. Da war ich kaum je bei den Schnellsten. Dafür war ich beim Aufwärtsgehen umso schneller. Da fällt mir gleich wieder das nächste Abenteuer ein, das mich fast das ganze Jahr über beschäftigte: Der Krampustag. Bereits als ganz kleines Kind war ich von den hässlichen Krampusmasken mehr fasziniert wie vom heiligen Nikolaus. Ich konnte es kaum erwarten, groß genug zu werden, um einmal selber als Krampus herumbrüllen zu können. Wenn man nämlich als Krampus noch zu klein ist, dann wissen die anderen Krampusse, dass man noch ein Kind ist, und dann wird man trotzdem geschlagen. Das ist mir selber passiert. Diese ganzen Bräuche und ländlichen Festlichkeiten haben mich immer sehr fasziniert. Wenn ich zu diesen Zeiten zufällig wieder einmal zu Hause bin, muss ich sehr oft darüber nachdenken, wie das früher war. Schreiben kann ich über solche Dinge nicht sehr gut, weil da kann man den Wald nicht riechen und die Ketten nicht rasseln hören. Deshalb weiß ich ganz genau, dass die Erinnerung immer etwas Komisches ist. Dann bin ich mir auch sicher, dass meine Kindheit ziemlich super war und dass meine Elterns alles dazu getan haben. So gesehen ist meine ganze Kindheit ein einziges Foto in meinem Kopf. Leider ist nur die Farbe schon etwas ausgebleicht.

Im Weltall gibt es verschiedene Himmelskörper. Es gibt Sonnen, Planeten, Gesteinsbrocken und Kometen. Es gibt aber noch viele, viele andere Erscheinungen, die fast keinen Namen haben, weil sie entweder noch gasförmig sind oder noch in einem schwarzen Loch warten, bis sie endlich befördert werden. Es gibt zum Beispiel Materie, die so schwierig ist, dass man sie mit drei Kränen nicht heben kann, obwohl sie nicht größer ist wie ein Ei. Es gibt sogar Welten, die ihr ganzes Gewicht abgegeben haben. Gewichtslose Welten zum Anschauen. Sobald diese Welten von jemandem berührt werden, verwandeln sie sich in die Berührung selbst. Diese Welten sind leichter als ein Blick. Leichter als jeder Gedanke. Manche Planeten haben so komische Gesetze, dass nicht einmal die Physik selber weiß, ob sie noch existiert. Die Geografie selber spielt im

Weltraum fast kaum eine Rolle. Jedenfalls liegt die Erde eher am Rande unserer Galaxie. Sozusagen in der Provinz. Wenn man einen irdischen Vergleichsplatz zur Lage der Erde im Universum nennen müsste, so könnte man vielleicht „St. Ruprecht an der Raab" oder „St. Peter am Kammersberg" nennen. Aber sogar diese Orte sind auf der Welt noch bekannter als die Erde im Universum. Sollte der Erde irgendwann einmal etwas geschehen, zum Beispiel ein Brand oder ein Sturm mit Zupfgeschwindigkeit, so brauchen wir erst gar nicht darauf zu hoffen, dass uns irgendjemand hilft. Andere Planeten haben es da viel einfacher. Sie sind von Haus aus selbstlöschend und haben gratis Windfänge aus geistloser Antimaterie. Ich möchte eigentlich gar nicht genau wissen, was sich das Universum bis jetzt schon alles einfallen hat lassen, um seine Einzigartigkeit zur Äußerstheit zu treiben: Wachsendes Gras, durchsichtige Wasserbäche, biblische Lustflunder und amerikanische Jeans. Ich selber bin ja auch ein kreativer Mensch, aber auf die Idee, einen Igel zu erschaffen, der ohne Batterien und Stromspeisung ein Leben lang durch die Blätter rüffelt, bin nicht einmal ich gekommen. Gras zu erschaffen, melkbare Kühe zu erfinden und für jeden Tag das dazupassende Wetter zu kreieren, ist als Akt an sich vollkommen absurd. Da fragt man sich wirklich, wer hinter diesem ganzen Idioten-Ping-Pong steht. Wer sind die Macher, wer sind die Verlierer - und wer profitiert letztendlich davon? Vielleicht ist das Universum nichts anderes als ein Würstelkiosk am Rande der Milchstraße. Am Ende des Lebens kommen wir alle in einen riesigen Fleischwolf und werden als Leberkäse wiedergeboren. Dann klebt man kleine Preiszettel auf uns drauf und verkauft uns im Angebot. Drei Tage später werden wir wieder ausgeschissen. Spätestens dann werden wir wissen, was ein „Schwarzes Loch" wirklich ist.

Eines Tages sitzt man zum Beispiel auf einer Parkbank und isst ein Kirschenjoghurt. Wenn man sich dabei aus irgendeinem Grund plötzlich selber vergisst, schmeckt plötzlich die ganze Welt nach Kirschenjoghurt. Wenn man eine Semmel mit Butter isst, dann schmeckt die ganze Welt nach Buttersemmel. Sobald man aber weiß, dass man es selber ist, der diese Semmel isst, schmeckt nur noch die Semmel wie die Semmel. Das ist eine kurze Variation des Denkens. Wenn zum Beispiel ein Hund knurrt, so knurrt die Welt. Wenn ein Pferd brummt, so brummt die Welt. Wenn aber ein Mensch brummt, so brummt nur er selber. Das ist schon ein bisschen komisch, aber trotzdem ist das so.

Wenn man eine Ausbildung macht, so muss man diese auch beenden. Das bekommt man als Kind immer wieder zu hören. So bald man zu suchen beginnt, um das, was man in der Kindheit verloren hat, wieder zu finden, wird man zurechtgewiesen und beschuldigt, ein Taugenichts zu sein. Es wird einem vorgeworfen, durch die verlängerte Ausbildung oder den Wechsel von einer zur anderen Studienrichtung ein oder mehrere Jahre „verloren" zu haben. Das finde ich weiter nicht schlimm. Viel schlimmer finde ich es, dass manche Menschen vierzig oder fünfzig Jahre ihres Lebens verlieren, indem sie einen miesen Job machen, den sie von Grund auf hassen und sich bis zu ihrem Begräbnis nicht einmal im Klaren darüber sind. Egal. Hauptsache, das Grab ist schön hergerichtet und die Verwandten weinen sich die Augen aus ihren hohlen Köpfen. Beim Leichenschmaus danach kann man sich dann ja gleich erzählen, wie gut der „Kleine" in der Schule ist. Ich würde es interessanter finden, darüber zu sprechen, warum der „Kleine" überhaupt etwas lernt. Ganz kleine Kinder lernen wahrscheinlich aus Neugier und Erstauntheit über die Welt. So genau weiß ich das auch nicht mehr. Egal. Irgendwann lässt die Neugier nach. Meistens bei Beginn der Schule. Ab dann lernt man nur noch aus Angst. Ich könnte mich nicht daran erinnern, wann ich in der Schule jemals aus wirklichem inneren Wissensdurst gelernt hätte. Man lernt, weil man muss, weil man nicht zu den Dummen zählen möchte. Ich gebe zu, ich war in der Schule ein Streber. Aber nicht, weil ich lernen wollte, sondern nur, weil ich Angst hatte. Ich war immer schon ein ziemlich ängstliches Kind. So wie ich bei vielen Dingen im Leben mehr Angst hatte als andere, so hatte ich auch in der Schule mehr Angst. Es wird einem ja erzählt, dass man ohne gute Noten keine Arbeit finden wird. Man wird übrig bleiben. Man wird auf der Straße sitzen und sich die Beine amputieren müssen, damit man beim Betteln etwas mehr Geld bekommt. Das ist jetzt vielleicht etwas übertrieben, aber das mit der Angst ist Tatsache. Man lernt in der Schule aus Angst, „sitzen zu bleiben“. Oder - positiv formuliert - man möchte einfach nur „durchkommen“. Danach nimmt man einen Job an, aus Angst, sonst nicht leben zu können. Man lässt sich in der Firma alles gefallen, aus Angst, hinausgeschmissen zu werden. Man will aus der Firma nicht hinausgeschmissen werden, aus lauter Angst, keine andere Firma mehr zu finden. Aus Angst, seine Bedürfnisse nicht mehr befriedigen zu können. Oder die Frau zu verlieren. Angst, Angst, Angst. Deshalb sage ich, man soll nie nach seinen Bedürfnissen leben, sondern immer nach seinen Möglichkeiten. Bedürfnisse schränken ein, aber Möglichkeiten machen frei!

Ein kleines Mädchen steht alleine neben dem Straßenrand und verkauft Blumen. Sie hat nur einen kleinen Strauß. Sie hat ihn selber gepflückt. Viele, viele Autos fahren an ihr vorbei. Niemand kauft ihr die Blumen ab.

Plötzlich bleibt ein Bus stehen. Eine Frau steigt aus und spricht mit dem Mädchen. Dann kauft sie ihm die Blumen ab. Das Mädchen scheint keine Gefühle mehr zu haben. Es freut sich gar nicht, obwohl es sich eigentlich freut. Dann geht das Mädchen nach Hause und gibt ihren Eltern das Geld. Das habe ich im Fernseher gesehen. Was soll aus ihm einmal werden? Bestimmt wird das Mädchen irgendwann einmal eine Hure werden oder eine Putzfrau. Sie wird bestimmt eine gute Hure sein, weil sie sich schon jetzt alles gefallen lassen muss. Die Freier werden Schlange stehen, um sich einmal so richtig ausvögeln zu können. Sie werden von ihr all das bekommen, was sie von ihrer Designer-Ehefrau nicht bekommen. Zur selben Zeit werden in Kanada Tausende von jungen Robben erschlagen. Das Blut rinnt ihnen aus dem Mund und man hört, wie sie röcheln. Vielleicht wird sich dieses Mädchen irgendwann einmal einen Robbenpelz leisten können. Wenn sie eine gute Hure ist, dann bestimmt. Warum ist das Leben oft so grausam und traurig? Da habe ich oft ein schlechtes Gewissen! Eigentlich müsste ich all das, was ich verdiene, dem jungen Mädchen mit den Blumen schenken, damit es sich nicht irgendwann einen Robbenpelz kaufen muss. Zur gleichen Zeit explodiert in Afrika eine Mine unter einem Fuß von einem kleinen Schafhirten. Dem Schaf daneben reißt es die Wolle von der Stelze. Mit ganz wenig Geld könnte man dem Hirten einen neuen Fuß kaufen und dem Schaf einen neuen Wollpelz. Man könnte auch alle freilaufenden Minen vorher zu Ostern suchen und einfach nur so zum Spaß in die Luft sprengen. Bum. Warum gibt es nur so viel Leid in der Welt - und warum mache ich so wenig dagegen? Das ist eigentlich alles sehr, sehr traurig! Vielleicht bin auch ich nur ein Opfer meiner selbst? Vielleicht muss man im Leben eine Zeit lang alles nehmen, damit man irgendwann alles geben kann? Wie viel Mitleid braucht der Mensch, damit er sich selber noch aushalten kann? Warum ist die Gerechtigkeit so ungerecht? Warum ist das Herz nicht im Kopf? Ist es unsere Schuld? Oder ist es die Schuld derjenigen, die uns so lange auf den Kopf geschlagen haben, bis unser Kopf das Herz vergaß? Wird sich das Herz wieder in unseren Kopf wagen, oder verrutscht es noch tiefer, bis es sich in unserem eigenen Magen selbst verdaut? Wer ist mein Magen? Wer sind meine Augen? Traurig ist das schon alles! Tatsächlich ist es ja so, dass jeder von uns genügend Geld hätte, das Leiden in der Welt zu mindern. Alleine mit dem Preis, das dieses Buch gekostet hat, hätte man schon wieder einem Pinguinbaby oder Afrikakind das Leben retten können. Für jedes Paar Schuhe, das wir uns kaufen, sterben im Gegenzug unschuldige Lebewesen. Es ist ein Leiden ohne Ende. Dazu kommt noch die ganze Umweltbeschmutzung und der Dreck von den Urlaubsfliegern, der sich von oben herab in unseren Salat mischt. Aber darüber darf ich mich eigentlich nicht aufregen, weil ich selber oft genug im Flieger sitze und noch dazu so viele Zigaretten rauche, dass die Umweltverschmutzung eine Gesundheitskur dagegen ist. Die Frage ist immer nur, warum gegen das gesamte Leid auf der Erde nicht mehr getan wird? Ich glaube, dass es neben wirtschaftlichen Gründen auch deshalb ist, weil man keinen Bezug dazu hat. Wenn man bei seiner Wohnungstüre hinausgeht und sieht, wie draußen im Park gerade drei junge Robbenbabys erschlagen werden oder wie man einen Kindersoldaten gerade zwingt, seinen eigenen Eltern die Ohren abzuschneiden, dann würde man sehr wohl versuchen, etwas dagegen zu unternehmen. Aber so ist es nun einmal nicht. Im Park blühen die Blumen und die Fenster rundherum sind sauber geputzt. Das Einzige, worüber man sich dann noch aufregen kann, ist die Hundescheiße.

Ich stehe auf der Bühne und will gerade mit dem Soundcheck beginnen. Plötzlich steht ein Mann hinter mir. Er erzählt mir von einer armen Familie, die in seinem Dorf lebt. Die Kinder haben keinen Vater mehr, niemand weiß, wie es weitergeht. Er fragt mich, ob ich nicht Lust hätte, eine Benefizveranstaltung für diese Familie zu spielen. Ich bin verärgert. Schon wieder eine von diesen vielen, vielen unendlichen Benefizanfragen. Ich erkläre ihm, dass mir dieser ganze Benefizhaufen schon ziemlich auf die Nerven geht. Ich gebe ihm etwas verärgert dreihundert Euro und beginne mit dem Soundcheck. Er bedankt sich herzlich bei mir. Ich sage ihm, dass er sich nicht zu bedanken braucht. Wenn ich etwas gebe, dann gebe ich es auch ohne Dank. Ich bin genervt. Er fragt mich um meine Adresse, damit sich die Kinder bei mir bedanken können. Ich will das alles nicht. Ich werde weder die Kinder noch ihn jemals wieder sehen. Warum mache ich das eigentlich, wenn es mich so nervt? Ich mag diese typische „Wir helfen den armen Kindern"-Stimmung nicht. Warum ist das alles so kompliziert? Suchen wir nicht alle einfach nur nach ein bisschen Anerkennung und Liebe? Wenn wir selber in einer Welt leben würden, wo wir sein könnten, wie wir sind und nicht immer nur beweisen müßten, wer wir sind und was wir haben, dann würde bestimmt alles anders sein. Trotzdem komme ich mir immer auch etwas verlogen vor, wenn ich etwas spende oder ein Benefiz-Konzert spiele. So lange das Helfen nicht etwas Selbstverständliches ist, das die Grundlage unserer gesamten Lebens-Situation einschließt, wird es immer nur ein Beruhigen unseres schlechten Gewissens sein. Und genau das ist es, glaube ich, was mich an diesen ganzen Spenden- und Benefizexplosionen stört. Man bekämpft nicht die Ursache, sondern nur das Symptom. Man hilft mit dem Kopf - und nicht mit dem Herz! Ich glaube, es war Augustinus, der einmal gesagt hat: „Liebe - und dann tu, was du willst!" Aber manchmal liebt man ja gerade das, was man nicht will.

Dass es vielen von uns heutzutage so schwer fällt, zu lieben, liegt an unseren seelischen Verletzungen. Fast alle von uns sind zu seelischen Krüppeln geworden. Wenn alle Menschen, die seelisch krank und verletzt sind, Krücken und Rollstühle bekommen würden, dann würde es kaum mehr Menschen geben, die von selber aufrecht gehen könnten. Seelisch sind die meisten von uns reif für das Idiotenhospiz. Sehr wenig von dem, was wir tun, tun wir mit Liebe. Wir stehen nicht mit Liebe im Wochenendstau, wir drängen uns nicht mit Liebe in die überfüllte U-Bahn, wir zahlen unseren Kredit nicht mit Liebe zurück, wir schlagen unsere Kinder nicht mit Liebe, wir würgen den Hamburger nicht mit Liebe hinunter, wir bumsen uns nicht mit Liebe in die Chefetage, wir hetzen nicht mit Liebe durch die Stadt, wir schimpfen und streiten nicht einmal mehr mit Liebe. Der Zeitdruck, die Überinformation, die ständigen dummen SMS-Nachrichten und E-Mails und die sexuelle Überverreizung haben die Liebe zerdrückt. Vor Jahren hat Nietzsche gesagt: „Gott ist tot." Jetzt hat man manchmal das Gefühl, dass nicht nur Gott tot ist, sondern auch die Liebe.

Ich habe mich immer wieder mit Nietzsche beschäftigt und glaube zu wissen, was es heißt, eine nihilistische Lebenseinstellung zu haben. Unsere Zeit zwingt uns den Nihilismus ja förmlich auf! Ich empfinde den Nihilismus als eine wichtige philosophische Strömung, die jeder im Leben einmal durchlebt haben sollte. Problematisch wird es nur dann, wenn der Nihilismus zu einem Dauerzustand wird. Wer im Nihilismus gefangen bleibt, kann sich gleich sein eigenes Grab mieten. Am besten gleich in Hauptmiete, sonst muss man nach drei Jahren schon wieder umziehen. Es mag vielleicht sehr zirkusmäßig klingen, aber die einzig wirkliche Möglichkeit, aus dem Nihilismus wieder auszusteigen, ist die Liebe. Damit meine ich nicht nur die Liebe zu einer Frau oder zu einem Mann. Es ist ganz egal, was auch immer man liebt. Sei es das Plastik im Altpapiercontainer, das Wasser im Keller, die Frisur der Katze oder einfach nur die ganze vertrottelte Welt. Wenn man nichts mehr hat, was man liebt, dann hat alles keinen „Sinn“. Da kann man wirklich froh sein, wenn man zumindest den „Unsinn“ liebt.

Jedenfalls wundert es mich nicht, wenn es immer mehr Menschen gibt, die sich literweise Drogen kaufen oder in eine Sekte eintreten. Eigentlich ist es ja fast dasselbe, weil beides ist ein wenig spirituell - und am Ende ist das Bankkonto leer. Trotzdem glaube ich, dass die Angst, in eine Sekte zu flattern, völlig falsch am Platz ist. Warum? Weil die meisten Menschen bereits in einer Sekte sind - nur sie wissen es selber nicht. Dazu muss ich zuerst noch erläutern, was in einer typischen Sekte passiert: Es wird einem seine Persönlichkeit weggenommen, man muss eine bestimmte Sektenkleidung tragen und man darf nur mehr das sagen, was die Sekte von einem verlangt. Deshalb kann ich hier einige der größten Sekten unseres Landes namentlich nennen: Die Post, die Bundesbahn und die ganzen Ämter. Wenn man zum Beispiel bei der Bundesbahn arbeitet, so darf man den Leuten beim Schalter nur das sagen, was man vorher in der Ausbildung gelernt hat. Man muss die Kleidung anziehen, die bei der Bundesbahn alle anziehen, und man darf nicht nach eigenem Ermessen handeln. Im Gegenzug dafür bekommt man von der Bundesbahn-Sekte Kleidung, Nahrung und Pension. Die Bundesbahn sagt uns: „Du brauchst dich um nichts mehr zu kümmern. Du brauchst nicht einmal darüber nachzudenken, was du sagst. Mach' einfach das, was wir dir sagen, und du wirst ein tolles Leben haben!" Das ist doch eine tolle Botschaft, und weil die meisten Leute tolle Botschaften mögen, sind sie mittlerweile schon fast alle in einer Sekte. Viele sind sogar in zwei Sekten, weil sie neben der Bundesbahn und Post auch noch in die Kirche gehen. Wenn einem bei soviel Sicherheit das ewige Leben nicht jetzt schon entgegenlacht, dann heiße ich bestimmt anders.

Wenn man viel meditiert, vergisst man gleichzeitig auch all die Probleme und Fragen, die einem der Alltag immer wieder aufgibt. Für kurze Zeit - manchmal auch für längere Zeit - scheint alles klar und verständlich zu sein. Man genießt sich selbst in der vertrottelten Geborgenheit des Universums. In diesen Momenten gibt es keine Meinungen und Gegenmeinungen mehr. Es gibt nur noch Klarheit und Verständnis, bis man sich wieder langsam in den normalen Alltag hineinverstrickt. Man hudelt wieder durch die Stadt und ärgert sich über die vielen Idioten auf der Straße. Man ärgert sich über den Presslufthammer vorm Fenster oder sinniert einsam vor sich hin. Zum dreihunderttausendsten Mal beantwortet man „Fans" und Journalisten die immer wieder selben Fragen.

„Alf, woher kommst du eigentlich?"
„Wie kommst du auf deine Ideen?"
„Versteht man dich in Deutschland eigentlich?"
„Kannst du mir eine Kami-Katze aufmalen?"
„Welche Farbe hat deine Unterhose?"
„Magst du mit mir ins Puff gehen?"
„Warst du heute schon scheißen?"
„War es dick oder dünn?"

Warum stellen mir Leute, die mich angeblich so gut verstehen, immer wieder dieselben bescheuerten Fragen? Warum wollen immer alle ein Autogramm von mir, wenn sie mich doch so gut verstehen? Wozu soll das gut sein? Das frage ich die Leute dann auch, aber die meisten wissen ja nicht einmal, wozu sie so etwas eigentlich brauchen. Dann sind sie verärgert oder enttäuscht, dass ich nicht so bin, wie sie mich gerne hätten. Besonders Leute, die in einer Firma einen so genannten „höheren Posten“ innehaben, sind dann manchmal besonders verärgert, weil jemand nicht so tanzt, wie es in der Betriebsordnung geschrieben steht. Denen mache ich dann besonders gerne drei Kreuze auf einen Zettel, weil das wäre ja wohl noch schöner, wenn man mir auch noch sagen würde, wie ich zu unterschreiben hätte. Manchmal gehe ich durch die Straßen und die Leute sprechen mich an, indem sie zu mir sagen: „Hallo Alf, ich bin auch ein Steirer!“ Ja, und? Wo ist da das Problem? Ich suche mir meine Gesprächspartner ja nicht danach aus, woher sie kommen. Egal. Manchmal kann das schon ziemlich nervig sein, obwohl ich weiß, dass ich ja von meinen „Fans“ lebe und ihnen zum großen Teil dankbar sein muss. Aber deshalb muss ich ja nicht gleich die Mama von jemandem, den ich nicht einmal kenne, anrufen, nur damit sie ihm glaubt, dass ich momentan gerade auf der Mariahilferstraße den Zebrastreifen begatte. Meine Begleiter „beruhigen“ mich dann öfter und sagen: „Jetzt reg' dich doch nicht über so etwas auf, gib ihm doch das Autogramm. Sei froh, dass man dich überhaupt kennt.“ Das ist ja richtig, aber fragen wird man wohl noch dürfen?

Jetzt ist es schon fast halb vier Uhr morgens. Heute fahre ich wieder auf Tournee. Da muss ich gut ausgeschlafen sein. Vor meinem Auftritt habe ich auch noch zwei

Interviews. Eines zu Mittag in Wien, eines am Abend in Graz. Jetzt gehe ich mir noch die Zähne putzen und dann tschüüü ...

So, jetzt bin ich wieder zurück von der Tournee. War super, aber ziemlich anstrengend. Am ersten Tag habe ich in Graz gespielt. Am zweiten Tag bin ich am Nachmittag zu einem Schuhmacher in die Oststeiermark gefahren. Ich habe ja traditioneller Weise immer nur ein Paar Schuhe. Deshalb muss dieses Paar immer ziemlich dicht sein, sonst wachsen mir die Zehen durch die Vorderhufe. Da ich ein Typ bin, der einkaufen fast so hasst wie Fußball, habe ich mir gedacht, ich lasse mir ab jetzt die Schuhe von einem Schuhmacher herstellen, dann brauche ich nie mehr von einem Schuhgeschäft ins andere laufen, sondern kann einfach den Schuster anrufen und neue bestellen. Fünf Minuten später läutet es an der Tür. Es ist der Schuster. Er hat sich durch die Luft materialisiert und hat auch die neuen Schuhe gleich mitgebracht. Ich bezahle und lege auf. Zurück in die Oststeiermark. Ich war sofort fasziniert von den Schuhen, die dort ausgestellt waren. Das waren nicht so husch-pfusch-gefertigte Industrietreter von der Hustenstange. Das waren Schuhe, wie man sie heute nur mehr im Lexikon von der Völkerwanderung sieht. Auch der Schuhmacher selber war mir sofort symmetrisch. Er hat mir erzählt, dass er seit seinem elften Lebensjahr noch nie einen anderen Beruf hatte als Schuhmacher. Obwohl er schon in Pension ist, arbeitet er trotzdem weiter. Er liebt es, Schuhe zu machen - und das kann man auch schmecken. In seiner Werkstatt sieht es aus wie zweihundert Jahre vorher. Da gibt es Werkzeuge und Gestelle, die laut Auskunft der Biologen schon längst ausgestorben sein müssten. Reliquien aus einer Zeit, wo Schuhe noch verehrt wurden wie Heilige. Schuhe waren in dieser Zeit das Auf und Um. Man begegnete ihnen, wo auch immer man sich befand: Am Schützenfest, in der Sichelhalle oder beim Austausch der Sexualität. Früher brauchte man Schuhe hauptsächlich zum Gehen. Heute hingegen verwendet man Schuhe hauptsächlich zum Fernsehen, zum Computerspielen, zum Knüppelsitzen oder zur Vermehrung der jeweiligen Sachlage. Früher hingegen waren Schuhe die beliebtesten Bewegungs-Requisiten. Heute sind sie leider nur noch ein Accessoire mit modischer Totalverknechtung. Bei diesem Schuster jedoch, da ist noch alles anders. Immer wieder, wenn ich Leute treffe, die entgegen ihrer eigenen Zeitlichkeit eine besondere Qualität an den Tag fördern, beginne ich selber zu blühen. Viel zu selten sieht man, dass jemand wirklich Freude bei seiner Arbeit hat. Jedenfalls möchte ich mir gleich ein zweites Paar machen lassen, damit ich dann endlich wieder einmal Schuhe zum Wechseln habe. Laut seiner Auskunft ist es total ungesund, wenn man immer mit demselben Paar Schuhe herumdackelt. Und diesem Mann glaube ich. Ich habe ihm sogar geglaubt, dass es Schuhe aus Froschleder gibt und dass es sogar einen Fisch gibt, aus dem man Leder machen kann. Das Leder von diesem Fisch - ich glaube es ist ein wasserdichter Rochen - ist so hart, dass man es mit der Flex schneiden muss. Trotzdem: Bitte kauft kein lebendiges Leder! Besonders dann nicht, wenn es vom Aussterben bedroht ist!

Während meiner Tournee habe ich auch eine Schule besucht. Es gibt ja immer wieder Anfragen von Schulen und sonstigen Institutionen, die mich zu einem persönlichen Befragungsgespräch oder Ähnlichem einladen. Dort sage ich dann meistens Dinge, die die Menschen zum Zurückdenken bewegen. Meistens sage ich das Gegenteil. Es ist ja so, dass alles auf dieser Welt dem Dualismus verfallen ist und dass alles mindestens zwei Seiten hat. Meistens ist es so, dass sich die große Presse beziehungsweise die öffentliche Meinung auf eine Seite stellt. Die zweite Seite wird dabei sehr oft nur als Schlechtmachungsfaktor gebraucht. Ich sehe es daher als meine Aufgabe, meistens die zweite Seite - diejenige, die keiner sehen will - in den Raum zu schmeißen. So bin ich zu einem Gegendenker geworden und habe mich dadurch schon oft sehr „beliebt" gemacht. Aber so ist das nun mal. Wenn man schon die Gelegenheit hat, in einer Schule zu sprechen, so muss man doch zumindest unser vertrotteltes Schulsystem kritisieren. In unseren Schulen werden die Kinder mit riesigen Mengen von Wissen voll gestopft. Doch nach Beendigung der Schule wissen die meisten nicht, was sie mit all dem Wissen anfangen sollen. Sie wissen vieles, aber eines wissen sie meistens nicht: Was sie überhaupt wollen. Sie irren planlos durch die Gegend und landen dann auf irgendeiner Universität. Viel wichtiger wäre es, wenn man den Kindern ihre Grundstruktur lassen würde und ihnen einen Weg zeigen könnte, der sie zu sich selber führt. Meistens aber muss man in der Schule seine ganze Zeit für die Fächer aufwenden, in denen man am schlechtesten ist. Für die Fächer aber, die einen interessieren und die einem entsprechen, hat man kaum Zeit. Da muss der Unterrichtsminister noch viel drüber nachdenken.

Eigentlich dürfte ich über Kindererziehung gar nicht sprechen, weil ich selber ja gar keine Kinder habe. Wahrscheinlich würden meine Kinder so oder so totale Geisteskannibalen werden, denn wo auch immer ich auf Kinder treffe, beginne ich alles verkehrt zu machen. Ich setze mir Kochtöpfe auf und beginne dabei, wie ein Sumpfbiber zu röcheln. Ich krieche quer durch das Wohnzimmer und ahme dabei einen prähistorischen Linksfüßler nach. Alles was man nur richtig machen kann, mache ich verkehrt - und am Ende schlafe ich beim Öffnen einer Fischdose ein. Ich nehme einige zergatschte Thunfischstücke und bespreche mit ihnen den gestrigen Tagesablauf, damit ich zwei Stunden vorher nicht zu spät komme. Der Tisch heißt Hund, und das Bett ist mein Opferaltar für die Mooskücken. Manche Kinder beginnen zu weinen, wenn sie mit derartigen Dingen konfrontiert werden. Manche wiederum freuen sich, dass endlich etwas Konformloses passiert. Je älter die Kinder werden, umso mehr freuen sie sich auf ein Wiedersehen. Manche Eltern haben mir berichtet, dass ihre Kinder noch Jahre später vom „komischen Mann" erzählt haben, der alles verkehrt gemacht hat. Besonders ein Mädchen fällt mir da ein, das bis zum heutigen Tag nicht vergessen kann, wie ich damals plötzlich begann, den Wald zu putzen. Ob das erziehungstechnisch gut oder schlecht ist, das weiß ich nicht. Tatsache jedenfalls ist, dass ich nicht anders kann. Ich habe keine Lust, den Kindern „brauchbare" Dinge beizubringen oder ihnen zu erklären, welche Laute die Kuh oder der Hund von sich gibt. Muh oder Wau - das langweilt mich. So dumm das auch alles ist, was ich den Kindern beibringe, eines zumindest ist sicher: Sie werden darüber nachdenken!

Obwohl ich mich selber ja nicht zu den Verrückten zähle, so freue ich mich zumindest immer, wenn ich eigenartige Menschen kennen lerne. Mittlerweile ist es ja so, dass ich durch meinen Bekanntheitsgrad sehr viele Menschen anziehe und auch in sehr großen Hallen auftrete. Nach dem Auftritt rauche ich dann meistens eine Zigarette und verlasse dann meine Garderobe, um zu sehen, wer noch aller vor Ort ist. So - und auch durch das örtliche Sein an sich - habe ich viele Leute kennen gelernt. Wann immer ich in einen Ort komme, wo ein so genannter „Verrückter" ansässig ist, wird mir das durch den Veranstalter oder sonst jemanden verraten. Viele kommen auch freiwillig in meine Show oder schreiben mir. Das kann manchmal auch ziemlich mühsam sein, weil ich oft keine Lust habe, zurück zu schreiben. Ich habe dann zwar ein schlechtes Gewissen, aber ich habe ja auch andere Dinge zu tun. Einer der besten Besucher-Tipps, die ich jemals vor Ort bekommen habe, war „Väterchen Timofej", der so genannte Eremit von München. Als ich ihn besuchte, war er bereits hundertfünf Jahre alt. Das stimmt wirklich. Er war ein orthodoxer Mönch, der nach dem Krieg von Russland nach Deutschland gekommen ist. Zu dieser Zeit war der gesamte heutige Olympiapark ein Schutthaufen, wo man all den Müll und die kaputten Häuser lagerte, die in der Nachkriegs-Stadt keinen Platz mehr hatten. Timofej baute sich in mitten von diesen Schutthaufen eine Kapelle. Dazu kam ein kleines Haus, ein Museum, Bienenstöcke und alles weitere, was man zum Leben in einer modernen Großstadt halt so braucht. Innerhalb mehrerer Jahre entstand so eine kleine schöne Eremitenlandschaft. Als in den siebziger Jahren in München die Olympiade stattfand, wollte man den Eremiten dort nicht mehr haben. Sein Reich sollte einer Pferderennbahn weichen. Irgendwie jedoch ist es ihm trotz allem gelungen, seine Stellung dort zu halten und nicht den Gesetzen der Stadt zum Opfer zu fallen. Als er fünfundachtzig Jahre alt war, heiratete er seine Schwester. „Zu zweit ist es leichter", sagte er damals. Als sie starb, begrub er sie gleich hinter seiner eigenen Kapelle. Das weiß ich, weil ich das Grab selber gesehen habe. Wie gesagt, als er einhundertfünf Jahre alt war, besuchte ich ihn und fragte ihn gleich auch die Frage aller Fragen: „Was gibt es im Leben zu finden?" Er sagte darauf nur „Ja, ja", und ging seines Weges. Ob er die Frage wirklich verstanden hat, kann ich bis heute nicht sagen, aber ich glaube dass er auch „Ja, ja“ gesagt hätte, wenn ich ihn gefragt hätte, ob er mit mir vom Olympiaturm springen möchte. Er war schon ziemlich alt und vertatert. Er hatte sein Leben lang kein Fließwasser und hat sich nie darum gekümmert, was andere über ihn redeten. Wann immer das Gartentor zu seiner Welt offen war, konnte man ihn besuchen. Egal. Jedenfalls haben mich das Zusammentreffen mit ihm und die Besuchung seiner eigenartigen Eremitengeografie sehr inspiriert. Wenn ich etwas älter bin und nicht mehr auftrete, dann möchte ich auch so leben. Ich bin nämlich sogar schon jetzt auf der Suche nach einem passenden Grundstück. Meine Welt wird dann so ähnlich sein, nur etwas vertrottelter und idiotischer, damit die Besucher auch etwas zum Nachdenken oder zum Nichtdenken haben. Je nachdem, wie durchgedreht man bereits ist.

Eigentlich bin ich an „verrückten“ Menschen ja gar nicht so interessiert. Viel mehr interessieren mich diejenigen, die sich mit Meditation beschäftigen, jahrelang in einer Höhle gelebt haben oder überhaupt damit aufgehört haben, die Schoko aus den Bananen zu dichten. Über Besuche von derartigen Menschen freue ich mich neben sexuellen Besuchen am meisten. Erst kürzlich wieder hat mich hinter der Bühne ein etwas älterer Mann besucht, der schon seit mehr als dreißig Jahren meditiert. Er hatte einen langen, weißen Bart und sah aus, als ob er gerade die Welt erschaffen hätte. Er hatte ein sehr zufriedenes, weises Strahlen und seine Einsichten und Ansichten schienen mir wirklich sehr interessant zu sein. Man sah es ihm an, dass er nicht nur über „mystische“ Dinge gelesen, sondern vieles davon auch erlebt hatte. Nach dem Auftritt traf ich ihn wieder und ließ mich auf ein längeres Gespräch mit ihm ein. Am Schluss unseres Treffens allerdings war ich nicht mehr ganz so überzeugt von ihm. Da hatte ich dann schon eher das Gefühl, dass es sich um einen Grenzfall zwischen einem selbst ernannten Minderheits-Propheten und einem gescheiterten Achtundsechziger handelte. Trotzdem, man lernt immer etwas dazu. Und selber besser machen ist sowieso schwierig!

Sehr gerne mag ich auch totale Idealisten. Menschen, die sich einer Sache verschrieben haben. Die meisten Menschen treiben ja ziemlich ziel- und planlos durchs Leben. Man hat oft das Gefühl, dass man lebendigen Sargleichen gegenüber sitzt. Bereits, wenn sie einem die Hand geben, ist man von ihrer Saft- und Kraftlosigkeit fasziniert. Sie nehmen die Dinge so, wie sie sind, und beugen sich jeder auch noch so dümmlichen Anordnung, ohne jemals etwas in Frage zu stellen. Vielleicht sind diese Menschen glücklich, weil sie nirgends mehr hin wollen. Eigentlich müsste man ihnen ja dankbar dafür sein, weil sie das Getriebe der Welt am Laufen halten. Man kann ihnen alle auch noch so stupiden Tätigkeiten und Verfügungen auferlegen, ohne jemals auch nur eine Klage zu hören. Sie sind wie die Kamele. Wie Trampeltiere, die ihr Leben lang nie etwas anderes wollen, als das, was man von ihnen will. So lange man sie mit genügend Wasser und Hafer füttert, sind sie bereit, alle Lasten, die man ihnen auferlegt, geduldig zu tragen. Es reicht ihnen völlig aus, einmal im Jahr freien Auslauf zu haben und sich regelmäßig begatten zu dürfen. Eigentlich beneidenswert. Einmal allerdings war ich auf einem Symposium, wo Physiker, Philosophen und buddhistische Mönche miteinander diskutierten. Etwas weiter hinten im Vortrags-Saal saß eine Frau und stellte eine sehr interessante Frage: „Im Buddhismus geht es doch darum“, sagte sie, „die Dinge so zu nehmen, wie sie sind. Nicht immer etwas anderes zu wollen. Es gibt Leute die sagen: So ist das nun mal. Man kann ja eh nichts ändern. Besser wird es ja doch nicht. Sind diese Menschen erleuchtet?“ Diese Frage stellte sie einem uralten Buddhistischen Mönch. Nach einer kurzen Denkpause gab der Mönch seine Antwort. Er sagte: „Die sind zu spät!“

Luxus ist etwas, das niemand wirklich braucht. Deshalb ist dieses Buch ein Luxusbuch. Weil es niemand wirklich braucht. Trotzdem hat es für mich einen reinigenden Charakter. Das ist so ähnlich wie mit dem Gehen. Manchmal im Leben sammelt sich so viel Mist in unseren Köpfen und Seelen an, dass wir nicht mehr wissen, wie es weitergeht. An solchen Punkten des Lebens ist es immer gut, wenn man beginnt, eine längere Strecke zu gehen. Das letzte Mal, als mir wirklich alles zu viel wurde, nahm ich einfach meinen Rucksack und verließ meine Wohnung im fünfzehnten Bezirk von Wien. Am ersten Tag ging ich zirka fünfzig Kilometer und am zweiten dann noch weitere dreißig. Kurz vor Krems in Niederösterreich hatte ich dann plötzlich eine Erleichterung in meinem Kopf. Mir war - zumindest damals erschien es mir so - etwas klar geworden. Ich bin aber auch schon weitere Strecken gegangen. Nicht nur um Müll loszuwerden, sondern auch einfach nur so, weil es Spaß macht und Zeit braucht. Wenn man im Kopf ziemlich viel Mist drinnen hat, so ist das aber auf der anderen Seite wiederum auch ein großer Luxus. Aber wer braucht den schon - den Luxus sowie den Mist? Oder ist das am Ende nicht dasselbe? Trotzdem, wer es sich leisten kann, so viel Mist und Gedanken im Kopf zu haben wie ich, der lebt zweifelsohne in einer Art „geistigem Luxus“. Die Frage ist nur, ob es sich lohnt, überhaupt einen geistigen Luxus zu leben, oder ob es sich hier nicht auch ähnlich verhält, wie im materiellen Luxus: Dass diejenigen, die ihn brauchen, meistens frustrierter sind als diejenigen, die ohne ihn auskommen. In meinem Fall kann ich es mir ja gar nicht aussuchen. Zum einen bin ich froh darüber, dass ich mir gratis so viele Gedanken machen kann. Zum anderen aber kann das manchmal auch ziemlich anstrengend sein, weil man - lustig gesprochen - sehr weit gehen muss, um seinen Gedankenmist wieder los zu werden. Insofern ist mir der materielle Luxus, den ich mir durch meinen geistigen Luxus leisten kann, ja nicht sehr hilfreich dabei. So gesehen hätte ich mir natürlich auch ein Busticket nach Krems kaufen können, aber das hätte wahrscheinlich nicht denselben Effekt gehabt wie der zweitägige Fußmarsch. Deshalb sage ich hier abschließend noch einmal klein und deutlich, was Sache ist: Fußmärsche können reinigen, Busfahrten nicht!

Jetzt habe ich schon sehr lange nichts mehr von meiner Jugend erzählt. Kein Wunder, die ist auch schon lange vorbei. Trotzdem möchte ich hier noch kurz erzählen, wie es war, als ich zum ersten Mal bei einer Hure war. Es war in Graz. Ich hatte damals ja noch immer keinen Sex mit einer Frau gehabt. Es war Abend, und ich fuhr „wie zufällig" mit meinem Fahrrad durch die Griesgase in Graz. Für alle Nicht-Grazer muss ich hier noch kurz erwähnen, dass die Griesgasse in Graz genau zu dem Viertel gehört, wo die Ampeln immer auf „Rot" sind. Ich fuhr also „nichtsahnend" durch die Griesgasse und vernahm plötzlich die lebensverändernden Worte: „Na was is', hast Lust?" Das war genau das, was mein Unterbewusstsein hören wollte. Klar hatte ich Lust. Ich hatte zwar durch mein christlich-jungfreuliches Sündendenken ein schlechtes Gewissen dabei, aber das war in diesem Fall wirklich zweitrangig. Ich war ja immerhin schon zweiundzwanzig Jahre alt. Also ging ich mit. Wir gingen durch ein enges Tor eine enge Stufe hoch und landeten schließlich in einem engen Zimmer. Dort fragte mich die eher unansehnliche, bereits nicht mehr ganz so junge Professionisten nach meinen Vorlieben: „Willst du lieber griechisch oder französisch?“ Das mag jetzt wirklich sehr hinterwäldlerisch und altersrückständig klingen, aber ich wusste wirklich nicht, was die meinte. Ich hatte wirklich keine Ahnung von solchen Dingen. Dann ging alles sehr schnell. Danach sagte ich zu ihr: „Das war das erste Mal für mich.“ Sie sagte darauf nur: „Das sagen alle.“ Das war alles ziemlich enttäuschend für mich. Danach fühlte ich mich zwar etwas erleichtert, aber ich hatte auch ein ziemlich schlechtes Gefühl. Nicht nur, weil ich zu einer Hure gegangen war, sondern auch, weil ich mich ziemlich schlecht dabei fühlte, die angeblich schönste Sache auf der Welt erstmals mit jemandem getan zu haben, den ich überhaupt nicht gern hatte. Als ich das erste Mal mit jemandem schmuste, war das ja sehr ähnlich. Aber was blieb mir übrig. Ich hatte sonst ja niemanden. Auch in meinem späteren Leben versuchte ich es noch einige wenige Male mit einer Hure. Richtig Spaß gemacht hat mir das aber nie.

Eigentlich habe ich in meinen Leben bis jetzt so ziemlich alles erreicht, was ich mir in den Kopf gesetzt habe. Manchmal denke ich darüber nach, was jetzt noch kommen kann - und bin gleichzeitig erschrocken darüber, ob das nicht die ersten Vorreiter einer Midlife-Crisis sind. Tatsächlich ist eine Midlife-Crisis ja nichts anderes, als dass man all seine Ziele und Träume erfüllt hat und nicht mehr weiß, ob einem das Leben noch etwas zu bieten hat oder ob es ab jetzt nur noch schlimmer wird. Dann beginnen die Leute auszuzucken und beginnen mit seelischem Bungeejumping, das meistens als Jumpy-Punching endet.

Sie werden wieder jung. Sie heiraten ein zweites Mal, bekommen ein drittes Mal Kinder oder werden von heute auf morgen zum Affenopa, ohne dass man es ihnen rechtzeitig ankündigt. Andere Leute, die sich in einer Midlife-Crisis befinden, beginnen sich plötzlich wie die herbstlichen Teichfichten zu schminken, obwohl ihnen das Alter ohnehin schon die Blätter vom Kopf reißt. Doch welcher Baum wäre wirklich so dumm und würde sich künstliche Blätter aufpicken lassen oder eine Blätterperücke tragen? Das wäre doch zum Lachen! Vielleicht hat eine Midlife-Crisis auch mit Intelligenz zu tun. Ein Bekannter von mir hat nämlich ein derartig intelligentes Kind, dass man das Gefühl hat, es befindet sich schon mit seinen zwölf Jahren in der Midlife-Crisis. Egal. Wann immer man im Leben ein Ziel erreicht, hat man gleichzeitig auch das Gefühl - und was jetzt? Ob daraus eine Midlife-Crisis wird oder nicht, ist eigentlich ganz egal. Tatsächlich muss man im Leben immer aufpassen, was man sich wünscht, denn man könnte es ja erreichen! So gesehen ist es vielleicht wirklich besser, wenn man keine Ziele hat, oder sich so hohe Ziele steckt, dass man schon im Vorhinein weiß, dass man sie nie erreichen wird. Zum Beispiel könnte man ja versuchen, aus essigsaurer Tonerde echte Blech-Pferde herzustellen, die auf Knopfdruck explodieren oder so lange gegen eine Mauer reiten, bis ihr Kopf zu einem praktischen Sattel für ihr Hinterteil wird. Man könnte aber auch ganz einfach nur versuchen, das Leiden aus der Welt zu schaffen. Dann hätte man immer ein Ziel und man bräuchte es nie erreichen.

Der Spruch „Der Weg ist das Ziel“ mag zwar auf der einen Seite sehr weise sein, birgt aber trotz allem auch eine sehr große Dummheit in sich. Wenn nämlich der Weg das Ziel ist, dann hätte ich nie eine Schule fertig gemacht und würde mich auch heute noch von meinen Lehrern und Chefs schikanieren lassen. Und das alles nur, um ein wenig glücklicher zu sein. Da kann ich gerne darauf verzichten. Da erreiche ich lieber ab und zu einmal ein Ziel und überlege mir dann, wie es weitergeht. Irgendwann erreicht man vielleicht sowieso einmal den Punkt, wo man kein Ziel mehr findet. Dann ist man wahrscheinlich am Weg. So gesehen kann sich jeder, der glaubt, in eine Midlife-Crisis gefallen zu sein, darüber freuen. Eine Midlife-Crisis ist nämlich nichts anderes als die Tatsache, dass es keine wirklichen Krisen mehr gibt. Es passt alles. Genau deshalb schafft sich die Krise selbst. Auch Krisen wollen leben und fürchten sich vor dem Tod. Lassen wir ihnen doch die Freude und nützen sie zu einem Aufstieg des Bewusstseins in höhere Ebenen. Tatsächlich ist es ja so, dass es im Leben ohne Krisen kaum eine Möglichkeit gibt, sich wirklich weiterzuentwickeln. Egal, was man im Leben besitzt, meistens beneiden einen die anderen darum und man muss immer aufpassen, dass einem nichts gestohlen wird. Bei Problemen ist das genau umgekehrt. Niemand will sie haben. Man muss selber mit ihnen fertig werden. Wenn man Probleme verkaufen könnte, dann wären die meisten Menschen Millionäre. So aber gibt es nur wenige Millionäre - und das meine ich auch im geistigen Sinne: Nämlich genau diejenigen, die es schaffen, ihre Probleme und Schwächen zu lösen, indem sie sie in Stärken verwandeln.

Ich habe in diesem Buch schon sehr viel über den psychischen Tod gesprochen. Damit meine ich den Punkt, wo wir alle unsere Vorstellungen von dem, wie irgendetwas sein sollte, vergessen und ins direkte Leben hineinspringen. Nun möchte ich aber über meinem physischen Tod sprechen. Genauer gesagt, über mein Begräbnis und das dazugehörige Plemplem. Ich habe in meinem Leben ja schon viele Begräbnisse gesehen und miterlebt. Nicht, weil bereits so viele mir nahe stehende Menschen gestorben sind, sondern weil ich früher in meiner Kindheit Ministrant gewesen bin. Da habe ich mir bei Hochzeiten immer gewünscht, dass die Braut „Nein" sagt. Komisch. Vom Bräutigam hätte ich mir das nie erwartet. Es ging immer nur um die Braut. Da sieht man wieder, wer in einer Beziehung wirklich die Hose an hat. Egal. Bei Begräbnissen habe ich immer darauf geschaut, wer am meisten weint. Wenn nicht geweint wurde, dann empfand ich das eher als langweilig und uninteressant. Ich selber möchte mir bei meinem Begräbnis diesen gesamten üblichen Hasenzirkus sowieso ersparen. Das wäre ja noch schöner, wenn an meinem Begräbnis auch noch die Blaskapelle spielen würde, wo ich doch mein ganzes Leben lang mit dieser Musik nichts anfangen konnte. Ich glaube, am praktischsten wäre es, wenn man mich verbrennen würde und meine Asche unter einen großen grünen Holzbaum streuen würde. Schön wäre es, wenn dabei auch noch einige Verrückte herumstehen und dazu lachen könnten. Einer von ihnen könnte ja einen großen rosaroten Hirschkäfer in der Hand halten und dazu einige Zeilen aus dem Märchen „Schneewittchen" vorlesen. Ein anderer wiederum könnte sich währenddessen die Rosinen aus einem Kuchen herauspicken und unter den anwesenden Lustig-Gästen verteilen. Als Hintergrundmusik zu diesem Zwerchfell-Spektakel wünsche ich mir eine Parasolien-Musik-Mischung aus Kinderliedern, Deutschem Schlager, Heavy Metal und Meditationsmusik. Vielleicht könnte man auch einen als Honigkuchen verkleideten Inder dazuholen, der mit seiner Sitar eine Variation von „Biene Maya" zum Besten gibt, während ihn mehrere schwarz geschminkte Gothic-Mädchen in steirischen Dirndlkleidern und einem Erdbeerpudding im Dekolleté umrunden. Während sie den freundlichen Inder so umtanzen, könnten sie auch noch frische Radieschen ins Publikum werfen oder Kindermilchgries verstreuen. Jedenfalls soll an meinem Begräbnis niemand traurig sein. Mit dem ganzen Geld, das ich mir bis dahin erspart habe, würde ich mir wünschen, dass man eine Art Medidationszentrum neben dem Baum errichtet, wo meine Asche verstreut ist, und wo auch meine ganzen Kunstobjekte ausgestellt sind. Einen wirklich netten, verkehrten Platz zum Ausspannen und Raum werden. Die Stille sollte diesen Platz für sich haben können. Vielleicht habe ich bis dahin diesen Platz ja schon selber gefunden, aber momentan tut sich da ja nichts Passendes auf. Der Chef von diesem Meditationszentrum sollte ein ziemlicher Vogel oder eine dazupassende Vögelin sein. Schön wäre auch, wenn die Menschen vor dem Betreten dieses „heiligen" Anwesens auch kurz die Hose runterlassen müssten, um ihre geistige Offenheit damit zu demonstrieren. Soweit es geht, sollte man den Chef auch mit meinem Geld bezahlen. Ansonsten müssen halt freiwillige Spenden bezahlt werden, weil immerhin erfordert so ein beknacktes Meditationszentrum mit Gegenteilscharakter ja auch viel Betreuung und direkte Hingabe. Ich werde das alles selber noch ziemlich zu spüren bekommen, wenn ich mit meiner Vision nicht ganz falsch liege. Wichtig ist mir nur, dass diese Worte hier bis auf einen meinerseitigen Widerruf als absolutes Testament zu sehen sind. Ich glaube nämlich, dass ich ansonsten spätestens am dritten Tage wieder vom Toten auferstehen würde, wenn ich mitkriegen würde, dass das ganze Geld und Vermögen meiner irdischen Tätigkeit für „normale" Zwecke missbraucht wird. Immerhin habe ich es ja auch auf eine Art und Weise verdient, die mit der Normalheit nicht mehr zu tun hat wie ein sardinischer Gespensterkarpfen.

Wahrscheinlich ist sogar Jesus selber nicht aus Spaß am dritten Tage wieder auferstanden, sondern nur deshalb, weil er gesehen hat, was man bereits drei Tage später in seinem Namen alles für einen Mist veranstaltet hat. Obwohl ich nicht mehr in die Kirche gehe und mit dem ganzen christlichen Zeugs so ziemlich abgeschlossen habe, glaube ich, dass der Jesus selber ein total lustiger Typ war. Manchmal stelle ich mir vor, was er tun würde, wenn er zum Beispiel den Petersdom in Rom sehen würde. Ich glaube, er würde dort alles kurz und klein schlagen und den verbleibenden Rest unter den Reichen verteilen. Aber so genau weiß ich das auch nicht.

Ich sag' euch, als Individualist hat man es wirklich nicht leicht. Soeben war ich in der Stadt und wollte mal schauen, ob es irgendwelche passenden Hosen für mich gibt. Die Schneiderin, die das hätte erledigen sollen, ist ja mit dem Geld abgehauen, die beschissene Schnepfe. Ich trage gerne Hosen, die unten etwas weiter sind. So wie die Hippies das in den Siebzigern hatten. Aber das ist für mich nicht zu finden. Für Mädels gibt's das schon. Aber Mädelshosen passen mir nicht, da schneidet es mir die Eier ab. Auch mit den Kappen geht es mir nicht viel besser. Es ist wirklich schwierig, eine passende Kappe für mich zu finden. Meistens habe ich immer nur eine, die mir gerade passt. Nach drei Wochen Tournee stinkt die dann immer so, als ob eine Horde junger Katzen hineingepisst hätte. Wirklich. Das ist mir manchmal schon ziemlich peinlich. Die meisten Kappen, die es zu kaufen gibt, haben vorne irgendeine Werbung drauf, oder sonst etwas Beschissenes wie ein Krokodil, einen Kampfigel oder ein Hakenkreuz. Früher konnte man solche Embleme herunterkratzen oder sonst irgendwie entfernen. Deshalb hat man sie wahrscheinlich jetzt hineingestickt, damit man ein Leben lang mit irgendeiner beschissenen Mistfigur darauf herumlaufen muss. Wenn ich eine neue Kappe bekomme, dann ist das für mich sowieso immer eine Prozedur. Zuerst koche ich die Kappen nämlich und dann schrecke ich sie mit kaltem Wasser ab. Dann koche ich sie nochmals und ziehe sie so lange zurecht, bis sie passen. Das Blöde ist nur, dass bei dieser Prozedur die meisten Kappen schon kaputtgehen, bevor ich sie überhaupt tragen kann. Aber das bin ich schon ein wenig gewohnt. Ich habe nämlich seit Jahren meine Waschmaschine auf dieselbe Temperatur eingestellt. Ich glaube auf sechzig Grad oder so. Da kann es schon mal passieren, dass mir nach dem Waschen etwas nicht mehr ganz so passt. Pech gehabt. Warum sollen es die Kleider leichter haben als die Menschen?

Vorher in der Stadt ist mir wieder aufgefallen, wie idiotisch die Leute sind. Ich habe ja traditioneller Weise immer wieder dieselbe rote Jeans-Jacke an. Mittlerweile ist die schon ziemlich zerfetzt und die Löcher haben schon einige Säcke. Die Leute, die mich kennen, finden das ja eher lustig, aber diejenigen, die mich nicht kennen, behandeln mich gleich um zwei Stufen niedriger. Ich sage euch, das ist eine Art von Stoffrestl-Rassismus. Aber da spricht niemand darüber. Rassismus ist für die Leute immer nur dann interessant, wenn es um Ausländer geht! Wenn ich die Leute manchmal so sehe, wie herablassend und bemitleidend sie mich wegen meiner paar Löcher oft anschauen, wird mir wieder klar, welche Schwachköpfe eigentlich durch die Gegend laufen. Einmal musste ich mir am Flughafen die Schuhe ausziehen, weil man vermutete, da könnte eine Bombe oder sonst etwas Lustiges drinnen sein. Die Bänder von meinen Schuhen waren damals viel zu kurz, weil sie mir schon mindestens dreimal abgerissen waren. Da hörte ich, wie eine der Kontrolleusen zur anderen sagte: „Sieh mal, nicht einmal Schuhbänder kann er sich leisten!“ Aber das war es ja gar nicht. Der Blick nämlich, den sie dabei aufsetzten, der war ja echt Spitzenklasse. Da konnte man wirklich den eigenen Wurstneid aus ihren Augen leuchten sehen. Eigentlich hätte ich ja jeder von ihnen hundert Euro Trinkgeld geben sollen, aber das ist mir leider erst zu spät eingefallen. Arme Menschen! Die meisten Menschen sind ohnehin nur auf Abzocke aus. Sie nehmen alles, was sie kriegen können und noch mehr. Man kann sein Fahrrad nirgends stehen lassen und man sollte sogar noch seine Socken in die Schuhe nageln, damit sie einem nicht herausgestohlen werden. Dann sieht man genau dieselben Menschen, die sich nicht zu schade dafür sind, einem kleinen Kind den Eislutscher aus der Hand zu stehlen, großkatzenmäßig mit ihren beschissenen Autos durch die Stadt fahren. Da kommt einem ja wirklich der gesamte Inhalt seines eigenen Mast-Darms hoch, obwohl es durch den Hinterausgang bedeutend schneller und unkomplizierter ginge. Zum Glück kann man es sich zumindest aussuchen, mit wem man sich näher abgeben will und mit wem nicht. Ich muss mir soundso einen neuen Schneider suchen, denn eines ist für mich fix: Leute machen Kleider. Zumindest dann, wenn sie nicht schon vorher mit dem Geld durchbrennen.

Wenn ich manchmal über die Menschen herziehe und über sie schimpfe ,so könnte man mir ja auch mit einem Spruch von Jesus begegnen, der gesagt hat: „Liebe deine Feinde!“ Das würde ich manchmal ja gerne können, aber so einfach ist das ja nicht. Ich bin mir da auch nicht sicher, ob das immer so zielführend wäre. Angenommen, jemand stiehlt mir meine Geldbörse mit allem Drum und Drin. Dann wäre das bei mir eher so, dass ich ziemlich angefressen reagieren würde. Vielleicht gar nicht wegen dem Geld, sondern eher wegen dem ganzen anderen Kram, den man sich mühsamst wieder besorgen müsste. Derjenige, der mir so etwas beschert, ist für mich erst einmal kein Freund. Eher schon ein Feind. Wenn ich nun aber beginnen würde, diesen Menschen für seine Tat zu lieben, so würde ich ihn dadurch ja auch noch bestärken, weitere Geldbösen zu stehlen, denn wer auf dieser Welt möchte nicht geliebt werden? Und sei es nur deshalb, weil er Geldbörsen stiehlt. Aber vielleicht hat der Jesus das gar nicht so gemeint. Außerdem gab es damals ja auch noch keine Führerscheine, Kontokarten und VIP-Pässe, die einem gestohlen werden konnten. Da konnte man seine Feinde sicher noch viel einfacher lieb haben als heute, wo man einige Wochen braucht, bis man sich den ganzen Plunder wieder besorgt hat.

Heute ist sowieso vieles anders als noch vor einigen Milliarden von Jahren. Die Menschen und ihre ganze Umrundung haben sich so verändert, dass man sie kaum wieder erkennen kann. Viele Knusper-Pflanzen und Saurierarten gibt es bereits nicht mehr, und andere wiederum haben sich so vermehrt, dass sie zur Plage geworden sind. So auch der Mensch. Man spricht zwar von einer Überbevölkerung, was in zahlenmäßiger Hinsicht ja stimmen mag, aber in gefühlsmäßiger Betrachtung überhaupt nicht zutrifft. Es gibt nämlich nur noch sehr wenige authentische, echte Personen. Die meisten Menschen - zumindest in der westlichen Gebietswelt - sind zu Gefühls-Straßenwalzen und Emotions-Terroristen geworden. Bei den Tieren kann man zwischen Warm- und Kaltblütern unterscheiden, bei den Menschen bald nicht mehr. Es ist total out, Gefühle zu zeigen. Innerlich zerplatzen die Menschen, weil sie keinen Platz mehr für ihre aufgestauten Gefühle haben. Doch nach außen hin tun sie so, als ob man ihnen den elektrischen Stecker herausgezogen hätte. Irgendwann stürmen sie dann die eigene Schule und erschießen dort ihre Kollegen und Lehrer. Das wäre - lustig gesprochen - vielleicht noch gar nicht so schlimm. Viel ärger finde ich, dass sie es wahrscheinlich am Abend nicht einmal ihren Eltern erzählen würden. Aber die sind wahrscheinlich eh nicht zu Hause. Da möchte man lieber nicht in die Zukunft sehen, obwohl es angeblich ja Menschen gibt, die das können. Da drängen sich mir dann aber gleich wieder einige Fragen auf. Wenn es nämlich möglich ist, in die Zukunft zu sehen, dann müsste somit die Zukunft schon im Vorhinein festgelegt sein. Das hieße eigentlich, dass alles bestimmt ist. Niemand wäre dann wiederum für irgendetwas verantwortlich. Eine andere Version, wie ich mir dieses In-die-Zukunft-Schauen auch noch erklären könnte, wäre die, dass es gar keine Zukunft gibt. Wenn alles, was passiert, immer nur jetzt passiert, wann sollte dann noch Zeit für eine Zukunft sein? In diesem Fall wiederum würden die ganzen Astrologen und Wahrsager nichts anders machen, als immer nur das zu sagen, was gerade passiert. Das wäre dann praktisch so ähnlich, wie wenn man einer Katze beim Bügeln zusieht und dabei laut mitdenkt.

Vielleicht kann man das Leben auch mit einem Buch vergleichen, das bereits geschrieben ist. Man kann den Inhalt zwar nur Seite für Seite wahrnehmen, doch um es zu lesen, braucht man scheinbar Zeit. In Wirklichkeit aber ist der ganze Inhalt des Buches gleichzeitig vorhanden, und die Spannung, die wir beim Lesen empfinden, ist somit nichts weiter als eine zeitliche Täuschung. Da frage ich mich dann schon, warum dieses Buch nicht endlich fertig sein kann. Warum sitze ich stundenlang vor diesem bescheuerten Computer und tippe mir die Finger wund, während draußen die Sonne auf die Straße herunterprasselt und die Vögel ihr Lied dazuzwitschern, ohne auch nur zu überlegen, ob das alles überhaupt einen Sinn hat. Da fällt mir auch gleich wieder etwas dazu ein: Die Tiere sprechen immer nur eine Sprache - und in dieser sagen sie immer das, was sie sich gerade denken. Die Menschen wiederum sprechen oft mehrere Sprachen, sagen aber oft etwas anderes, als sie fühlen oder denken. Wer könnte da wohl von wem lernen? Trotzdem ist „Tarnen und Täuschen“ keine Erfindung des Menschen, denn auch die Tiere machen das - wenn auch nicht so verlogen und bewusst wie die Menschen. Ansonsten würde es ja bestimmt türkise Rehe geben und neongelbe Eisbären mit bunten Streifen und Punkten. Da wird sich in Zukunft genetisch sicherlich einiges verändern. Schon alleine deshalb, weil man den Tieren immer mehr Platz zum Leben wegnimmt. So zum Beispiel sehe ich abends, wenn ich durch Wien spaziere, immer öfters wildgeratene Tiere wie Marder, Wiesel oder sogar Rehe. Wenn diese Tiere noch länger in der Stadt herumrüsseln wollen, dann müssen sie sich bald eine bessere Tarnung einfallen lassen. Als Reh kann man in Zukunft in der Stadt wahrscheinlich nur mehr dann überleben, wenn man aussieht wie eine Ampel oder eine Bushaltestelle. So gesehen hätten in der Stadt wahrscheinlich die Zebras die größten Überlebenschancen. Natürlich aber auch nur dann, wenn es in ihnen egal wäre, dass ständig jemand über sie drübergeht.

Aber was geht mich das eigentlich an, wie sich die Zebras in hundertfünfzigtausend Jahren tarnen werden? Über solche Dinge darf man sich wirklich nicht den Kopf zerbrechen. Es hat schon genug Menschen gegeben, die auf der Stelle durchgedreht haben und total verrückt geworden sind. Da muss man das Feuer nicht noch zusätzlich schüren. Vom Gegenteil braucht man sich in diesem Fall ja nicht so zu fürchten. Dass nämlich ein Mensch plötzlich gescheit geworden ist, hat man noch nie gehört. Aber vielleicht ist das ja genau der Punkt, den man Erleuchtung nennt: Eine plötzliche Gescheit-Werdung!

Stellt euch vor, auf dieser Erde würde es keine Menschen geben. Es gäbe nur Bäume, Füchse, Mistelratten und Sumpfrosen. Was wäre dann Gut - und was wäre dann Böse? So kann man wieder einmal sehen, dass alle Sichtweisen nur in den Köpfen der Menschen entstehen. Klar ist es nicht schön für eine Henne, wenn sie plötzlich im eigenen Dotter versinkt, oder wenn ein Seeadler im Tiefflug gegen einen Nistkasten flattert. So wie es aussieht, ist das Leiden eben ein Bestandteil unserer dualen Welt. In der Natur selber herrscht gemäß einiger einschlägiger Philosphen das Recht des Stärkeren. Aber das Stärkere kann ja auch nur dann überleben, so lange es das Schwächere gibt. So gesehen ist das Stärkere sogar noch vom Schwächeren abhängig. Es gibt so viele Arten, die Welt zu betrachten, und viele, viele Systeme, Religionen, Geheimgesellschaften und Zwitscherbotschafter, denen man sich anschließen kann. Ich selber bevorzuge es, in meiner fragenden, sich selbst widersprechenden Unwissenheit zu verweilen. Nur so kann ich mich davor schützen, dass ich nicht irgendwann zu einem Parteimitglied oder einem verzuckerten Anhänger irgendeiner Katastrophalvereinigung werde. Ob Satanist, Kommunist, Baptist oder Antichrist - das ist alles dasselbe, weil es sich gegenseitig bedingt. Die Antichristen verdanken ihre Lebenseinstellung ausgerechnet ihren größten Feinden, nämlich den Christen selber. Da beißt sich plötzlich „Schrödingers Katze“ selber in den Schwanz.

Eigentlich ist es ja egal, wie man seine persönliche Lebensbegnadigung findet. Sei es im Glauben an Gott, sei es in der Church of Satan oder als Wegweiser beim Erdbeerpflücken. Wirklich befreit erscheint mir allerdings nur derjenige, der in seiner momentanen Soheit weder einen Glauben noch sonst irgendwelche verstrudelten Theorien, Designergottheiten oder Rituale braucht. All diese Praktiken erscheinen mir persönlich als ein Nicht-Loslassen-Können von althergebrachten Denkmustern und wirren Geistesverknebelungen. Sein braucht keinen Glauben. Sein ist. So oder so. Trotzdem, manchen Menschen helfen Tabletten, anderen wiederum Wunderheiler und ganz anderen wiederum ihr Glaube an irgend ein vertrotteltes Etwas. Tatsächlich ist es aber gleichzeitig auch so, dass das, was dem einen hilft, den anderen umbringen kann. Aus mir zum Beispiel hat das christliche Set-Angebot aus Buckelfatalismus und Bockangst fast einen lebenslangen Komplexhaufen mit Minderwertigkeits-Charakter und gratis Sündenzugabe gemacht. Auf der anderen Seite wiederum verdanke ich genau dieser Tatsache meinen Bühnenerfolg. Irgendwann nämlich beginnt man, über sein eigenes Desaster Herr zu werden - und schlägt auf seine Art zurück.

Wenn man ein kleines Kind ist, wird man von seinen Eltern, seinen Lehrern und anderen Vorgegebenen immer wieder aufgefordert, sich zu beschäftigen. Wenn man einfach nur so da sitzt, dann zählt das nicht. Nicht einmal dann, wenn es einem gut dabei geht. Ich glaube, dass das einer der Gründe dafür ist, warum wir immer glauben, im Leben etwas „erreichen“ zu müssen, um glücklich zu sein. Wenn man einmal kurz ins „Narrenkastl“ schaut, kommt sofort jemand und sagt: „Huhu, wo bist Du?“ Das finde ich sehr, sehr schade. Irgendwann im Leben verlernt man das

Nichtstun dann wirklich, und man wird zu einem verhudelten Gesamtbeispiel mit Stresscharakter und Beschäftigungsphobie. Vielleicht ist auch das ein Grund, warum viele Arbeitslose sehr schnell depressiv werden. Plötzlich gibt es nichts mehr zu tun. Man genießt das vielleicht drei oder vier Wochen lang, doch was ist dann? Die meisten Lottomillionäre gehen laut einer Statistik auch nach ihrem Millionengewinn derselben Arbeit nach wie vorher. Wahrscheinlich können sie sich nur so vor einer geistigen Überbewältigung schützen, die schon so manche Menschen in eine alles überstrahlende Depression geworfen hat. Darum sage ich hier, dass ich wirklich tiefe Bewunderung für all jene empfinde, die das Nichtstun wirklich beherrschen und auch dann Freude und Sinn empfinden können, wenn es anscheinend keinen Grund dafür gibt. Die meisten Leute freuen sich ja nur dann, wenn das alte Fertigteilhaus neu verfliest ist, wenn ihr Auto zum Höchstpreis verbilligt wird oder wenn das kalte Eisenwetter endlich heiß wird. Freude ist dann nichts weiter als eine Reaktion auf irgendetwas. Deshalb sage ich, dass es das Beste ist, wenn man sich einfach grundlos darüber freuen kann, dass man hier ist. Dann braucht man auch nicht ständig etwas zu tun. Die zweigeschossigen Rasselkröten und die Faultiere können das super. Die würden nach einem Lottosechser bestimmt nicht mehr zur Arbeit gehen!

Stellt euch vor, man würde einem Schwein, einer Kuh oder einer Henne ein menschliches Gehirn einpflanzen. Das jeweilige Tier hätte dann sozusagen menschliches Bewusststein. Vielleicht könnte es sogar ein wenig sprechen und singen wie wir. Dürfte man auch dann noch die Schweine zum Schlachthof bringen oder die Kühe braten? Und was wäre im umgekehrten Fall? Was wäre, wenn man einem Menschen ein schweinisches Hirn einsetzen würde? Falls das nicht eh schon passiert ist. Woraus würde unsere Wurst dann bestehen? Schwierig, oder?

Da stellt sich dann auch gleich einmal die Frage, was Menschlichkeit eigentlich ist. Was also ist dasjenige, das den Menschen von den Tieren wirklich unterscheidet? Nicht biologisch von außen betrachtet, sondern rein „menschlich“. Ich sage euch, es ist nicht der Altruismus. Den gibt es auch unter den Tieren. Es gibt zum Beispiel Vogelarten, bei denen sich einzelne Vögel für das Wohl der Gruppe opfern. Ich weiß jetzt zwar nicht, wie die heißen, aber so etwas gibt es. Was es unter den Tieren jedoch nicht gibt - zumindest mir ist davon nichts bekannt - ist der ideologische Krieg. Was also ist menschlich? Da möchte man gleich lieber nicht mehr darüber nachdenken.

Als ich ein Kind war, hatte ich eine ziemlich ausgeprägte anale Phase. Siegmund Freud hätte wirklich seine Freude mit mir gehabt. Ich weiß nicht, wie alt ich war, als wir gemeinsam aus dem Garagenkasten ein Scheißhaus bauten. Das war sehr einfach. Wir gingen nicht mehr auf das normale WC im Haus, sondern wir stiegen einfach in den Garagenkasten und schissen dort in Joghurt- und Sauerrahmbecher. Mit den mit Scheiße gefüllten Bechern liefen wir dann quer über unser gesamtes Grundstück und warfen die Becher voll Scheiße auf das Nachbargrundstück der Familie Rainer. Dort wohnte zwar niemand, aber wird hatten trotzdem unseren Spaß. Dabei hatten wir immer ein komisches Gefühl, weil wir zwar wussten, dass daran irgendetwas nicht ganz stimmte - trotzdem war die ganze Sache eigentlich ziemlich normal. Es gab auch Situationen, wo jemand von einem Baum herunterschiss und die anderen darunter standen und zusahen. Dafür hätte ich mich Jahre später zu Tode geschämt. Schön langsam aber komme ich wieder in die Phase, wo mir das immer weniger peinlich wird. Einmal habe ich ja auch schon im deutschen Fernsehen die Hosen runtergelassen. Leider war der Kameramann zu schlecht, sonst hätte man das bestimmt auch im Fernsehen gesehen. So war es nur eine Überraschung für die vielen prominenten Live-Gäste einer Benefizgala für Kinder. Ich machte das dort zwar aus philosophischen Gründen, aber ich fand eigentlich nicht viel dabei.

In den letzten Jahren habe ich viele verschiedene Fernsehshows gemacht und es gab auch bereits viele Angebote für eigene Shows. Ich hab' alle abgesagt. Ich will frei sein und mir nicht sagen lassen, was ich bildschirmmäßig alles zu erledigen hätte. Es ist ja so schon schwierig genug, und nicht erst einmal bin ich im Fernsehen beschnitten worden. Wenn man mir meinen Pimmel auch so beschnitten hätte wie meine Fernsehauftritte, dann wäre bestimmt nur noch ein kleiner Wackelstutzen übrig. Es gibt ja kaum noch Shows, die live gesendet werden. Bevor man irgendetwas im Fernsehen sieht, wird es zurechtgestutzt, ein bißchen angezuckert und mit Balsamico Essig dressiert. Dann kommen frische Erdbeeren drauf und Schlagsahne. Die Zuschauer sitzen dann mit einem Sack voller Knuspermuscheln zu Hause auf ihren breiten Ärschen und fressen den ganzen Bildschirm gleich mit. Mhhhhhhh, da möchte man gleich noch mehr davon! Ich sage euch, in Deutschland kann mittlerweile jeder Butterflieger eine eigene Fersehshow haben. Wenn man den Fernseher einschaltet, dann weiß man im ersten Moment oft nicht so genau, ob man sich nicht geirrt hat und statt dessen die Klospülung gedrückt hat. Meine Auftritte sind da bestimmt keine Ausnahme. Aber ich mach' das bewusst! Für eine gewisse Zeit fand ich es ja lustig, an diversen Fernsehshows teilzunehmen. Auf die Dauer wird das aber auch ein wenig langweilig. Man muss immer sehr lange warten und es passiert kaum etwas Zwischenzeitliches. Lustig war es zum Beispiel, als ich zum ersten Mal bei Rudi Carrell in der Show war. Als ich ins Produktionsbüro kam, holte er mich zuerst einmal ganz alleine in sein Zimmer. Da durfte auch mein Manager nicht mit. Dort zeigte er mir dann, was Wurstsache ist und wo der Hund überall hinsitzen darf. Nach der Show holte er mich wieder zu sich ins Büro. Dort sagte er zu mir: „Du bekommst die doppelte Gage, und jetzt verpiss Dich!“ Das war schon ziemlich ok. Am Anfang habe ich mich ja auch wirklich über jede Fernsehshow gefreut, weil das ja auch eine riesige Werbung ist. Mittlerweile allerdings habe ich immer weniger Lust, kurze Show-Auftritte im Fernsehen zu machen. In drei oder vier Minuten kann ich das, was ich wirklich sagen möchte, soundso nicht sagen. Deshalb veranstalte ich meistens ein kurzes Chaos. Da sieht man noch am ehesten, wohin ich eigentlich will. Lieber als Kurzauftritte mache ich Gespräche mit dazugehörigen Aktionen zum Gehirnrutschen und Danebenschauen. In manchen Zeiten muss man allerdings gut darauf achten, dass man nicht zu viel macht. Da freut sich bestenfalls der Sozialstaat, weil er fünfzig Prozent meiner Gage an Steuern kassiert. Irgendwann sieht man dann nichts mehr anderes als Flughäfen, Autobahnen, Bühnenlicht, Backstage-Bereiche und Hotels. Da wird es dann manchmal sogar noch plötzlicher Frühling als am Puffkalender von der Feuerwehr. Trotzdem ist es ein super Gefühl, wenn man zum Beispiel nach Zürich kommt und dort eine Halle mit fast tausend Leuten belustigen muss. Da wäre es bestimmt viel mehr Arbeit, wenn man für jeden einzelnen extrig eine Show spielen müsste.

Ich betrete ein Lokal. Es ist kein normales Lokal. Es ist ein hyperreales Geisteslokal. An den Tischen des Lokales sitzen keine Menschen im irdischen Sinne. Die Gäste sind ausnahmshaft transzendentale Geheimlebewesen der strukturlosen Materie. Die Kellnerin ist ein auf Rädern gelagertes Nymphenwesen aus reiner Geistesmolke. In der Toilette des Lokales ist ein Lichtschaler angebracht, mit dem man sich die gewünschte Jahreszeit herbeischalten kann. Auf Knopfdruck wird es Frühling, Sommer, Herbst oder Nacht. Momentan ist gerade Herbst, und die WC-Muschel ist ein vernebeltes rosarotes Venusbiotop mit Analentkalkungsanlage und elektrischer Phallusenteisung. Wenn man die Bar betritt, wird es augenblicklich Damenfrühling. Und bei jeder Bestellung beginnt es leise zu schneien. An runden Kabeljautischen sitzen dunkle Wachsamuren und lassen sich von kastrierten Lederdalmatinern ihre Fruchtspalten lecken. Butterweiche Saftgürtelrosen zieren die samtene Totaloberfläche der Beglückungstische im Foyer. Zeitenweise werfen die dressierten Servierfüchse türkise Schattenschmetterlinge ins Publikum und kündigen damit einen besondern Höhepunkt der Seifenvolonteuse an, die in ihrer Geruchsperformance Millionen von schillernden Junikäfern zum Kunstfliegen animieren wird. Blaue Getränkeleoparden gehören in diesem Etablissement genauso zum Standard, wie ihre busenhaften Zusehmädchen mit Fernbedienung und Drei-Kanal-Vagina. Wann immer ihr Begehren gewünscht wird, strömen sie aus den herumstehenden Kirschbäumen des angeschlossenen Lotusgartens und verlassen dabei für immer die leblose Gefangenheit in der Materie des wunden Kirschholzes. Auch die festliche Begleitung der Mädchen kann sich sehen lassen: Spiegelverkehrte Glanzfüßler, petersiliengefärbte Kartoffelrobben und kristalline Oktopuslemuren in weißen Lachswesten.

Jetzt ist es fix: Es wird eine neue Zeit kommen. Bis jetzt sind die Käfer immer nur im Dreck herumgekrabbelt, aber genau das wird sich nicht ändern. Was sich ändern wird, ist die Ansicht. Genau diese Ansicht wird es sein, die aus Dreck Gold macht. Ich persönlich halte ja nichts von Gold, weil es ja auch nur eine andere Form von Dreck ist, aber die Ansicht wird eine andere Dimension bekommen. Der Käfer wird sich nicht mehr am Mist abstoßen, nein, er wird sich am Mist laben. Dies ist mir soeben klar geworden, als ich gerade aus dem Wald kam. Die Bäume standen so sicher vor mir, wie ich meine neue Vision zu erfüllen habe. Bald wird mir der geistige Maikäfer seine Flügel borgen. Da muss ich mich auch jetzt schon bei den Maikäfern entschuldigen, dass ich sie früher so traurig behandelt habe. Als Kinder wurde uns nämlich erzählt, dass Maikäfer Schädlinge sind und dass wir sie ruhig töten könnten. So warteten wir manchmal schon den ganzen Tag darauf, bis am Abend die Maikäfer aus ihren Erdlöchern hervorkamen. Dann liefen wir ihnen mit Federballschlägern hinterher und versuchten, sie herunterzuschlagen. Wir zählten sogar mit, wie viele wir erwischten. Wer am meisten Treffer erzielte, war der Sieger. Mitleid kannte ich damals nicht, obwohl ich manchmal am nächsten Tag ein schlechtes Gewissen hatte, wenn ich sah, dass noch irgendwo ein schwer beschädigter Maikäfer durch die Wiesen krabbelte, um sich vor dem eigenen Schrecken zu verflüchtigen. Die Wiese sah aus wie ein Schlachtfeld. Überall lagen die kaputten Karosserien von Maikäfern herum. Leere Hüllen ohne Inhalt. Trotzdem begann am Abend dasselbe Spiel von vorne. Das war wie im Krieg - und den kannte ich wie gesagt ja ziemlich gut.

Eigentlich könnte das Buch ja schon längst fertig sein, aber erst kürzlich habe ich viele Seiten gelöscht. Mir ist aufgefallen, dass ich ziemlich zu schimpfen begann: Über die vielen opportunistischen Kabarett-Kollegen, über die beschissenen Fernsehshows und promigeilen Tunten, über die Porschefahrer und Wichtigleber und so weiter. Dann aber habe ich gesehen, dass dies alles nur momentane Lebensblitze waren, die mit meinem wahren inneren Wesen nix zu tun haben. Deshalb habe ich viele Seiten wieder herausgelöscht und das Buch in Stille ruhen lassen. Das ist so ähnlich wie bei einem Germteig. Manchmal muss er ruhen, damit er „gehen" kann. Dann erst kann man ihn backen und in den Magen hineinlecken. Vielleicht ist mein momentaner Germteig nun lange genug gegangen, um mir selber Freude bereiten zu können. Momentan nämlich befinde ich mich in einer Phase eines schönen inneren Friedens. Ich bin so im Einklang mit mir selber, dass ich fast glaube, eine Meise zu sein. Ich sehe viele künstlerische und auch spirituelle Visionen, die zu erfüllen ich hier zu sein bedarf. Genau wie der Stein, der momentan kein Wald sein darf. Genau wie die Blume, die momentan kein Beichtstuhl sein darf. Wollte sie es, so würde sie bestimmt verwelken oder nur grün sein, ohne eine weitere Verwendung dafür zu haben. Vielleicht bin ich ja nur verliebt? In meinem früheren Leben, als ich noch keine Gefühle spüren konnte, da bin ich niemals traurig gewesen und niemals in Löcher gefallen, die höher waren als meine Beine. In den letzten Jahren allerdings bin ich eine Holperpiste entlang gebraten, die jeglicher Versicherung erspart bleiben möchte. Doch irgendwann muss das Ende der Piste kommen, oder aber die Betonmauer. Dann kommt der Vogerlwagen und liefert einen dort hin, wo die andern schon sind. Dieses Desaster möchte ich mir ersparen, bin aber gleichzeitig auch bereit, es anzunehmen, wenn es der Wille der Soheit ist. Trotzdem glaube ich nicht an das Schicksal meiner Ungunst. Ich glaube wie gesagt ja an gar nichts mehr. Denn erst gestern wurde mir wieder einmal ziemlich klar, dass Glauben nichts anderes ist als Denken. Die genaue Formulierung dieser Erkenntnis heißt so: „Alles, was du glauben kannst, ist alles, was du denken kannst." Andererseits aber muss ich auch zugeben, dass der Glaube Berge versetzen kann. Aber warum sollte ich Berge versetzen wollen? Wohin sollte ich diese versetzen? Auch das Tal braucht seinen Platz und die Bachkurve. Hier muss halt jeder seinen Weg finden. Manche Leute üben sich ja ein Leben lang darin, wundersame Dinge vollbringen zu können. Sie lassen sich mehrere Wochen in die Erde eingraben, und wenn sie herauskommen, sehen sie noch immer nicht aus wie die Krenwurzen. In Indien gibt es viele machtvolle, bedeutende Gurus, die ihre eigene Geistigkeit materialisieren können. Es sind Erkennende der Geistigkeit dieser Welt. Nichts ist. Alles ist Schein. So kann auch der eigene Schein zum Schein der Welt werden. Wir sind ein Gedanke, und auch unsere Gedanken können wahr werden. Diesbezüglich ist alles möglich. Ich aber kann all das nicht. Vielleicht kommt es irgendwann einmal zu mir, aber momentan habe ich im Leben eine andere Aufgabe. Wenn man erst einmal seine Aufgabe erkannt hat, dann hören für einige Zeit alle Fragen auf. Blöd ist es dann nur, wenn es seine Aufgabe ist, Fragen zu stellen. Dann wird es ab diesem Zeitpunkt nur noch ärger. Momentan jedenfalls genieße ich einen nichtfragenden inneren Frieden. Weder Berge versetzen, noch durch die Lüfte huschen kann einen Menschen beruhigen. Nur die Akzeptierung seiner eigenen Soheit kann dies. Sie ist weitaus mächtiger, als viele Mächtigkeitsschauspiele auf welcher Ebene auch immer.

Auf Grund meines momentanen Grundanspruchs fühle ich mich nun gedrängt, einige Aspekte der Zeit literarisch darzustellen. Die Zeit ist eigentlich immer nur wichtig, indem sie vergeht. Als was sie letztlich vergeht, ist nicht die Rolle ihrer selbst. Zeitlosigkeit wäre somit das komplette Versagen ihrer Bestimmtheit. Nicht immer ist Zeit als das gegenwärtig, was sie eigentlich ist. Meistens sogar bedingt sie sich erst durch etwas anderes - und wird so als sie selbst erst bemerkbar. Hier einige Beispiele:

Zeit als produktlose Mutter der Fruchtzitzen.

Zeit als konstante Erfahrung der normativen Brunftbestäubung.

Zeit als borstige Trink-Sanktion im Plüschkübel.

Zeit als unteres Wackelprodukt keiner Ziemlichkeit.

Zeit als roter Faden hinter dem schattenlosen Mondbesen.

Zeit als Blunzen-Garderobe für einbalsamierte Sonnenschirm-Terroristen.

Zeit als waagrechter Baumberater der dominikanischen Vaginalwesen.

Zeit als virtuelles Beispiel für zukunftslose Steckdosenverdichter.

Zeit als Dursthelikopter im Drehzeigersinn.

Zeit als väterloses Kontrollprodukt seiner virtuellen Zupfmuskelphantasie.

Zeit als Hüter der schrankenlosen Weg-Ziel-Bestattung.

Zeit als Uhrzeigersinn im verkehrten Verkehrsdosenlärm.

Zeit als Gürtel seiner sexuellen Komabestrafung.

Zeit als Blitz zwischen den Zeilenhechten.

Zeit als fußloser Marsch ins Reich der Vandalbefruchtung.

Zeit als kurzsprachliche Muttertiervergötterung.

Zeit als Begnadigungs-Verräter seiner fremdlosen Jetzt-Beschleunigung.
Zeit als Tier keiner örtlichen Praxis.

Zeit als Rumpfstumpel der maßklaren Bruchteilvernichtung.

Zeit als Rampe ins blütenlose Hüftendesaster.

Zeit als kurzer Zipfelrock der paramentalen Weitwanderschnecken.

Zeit als Rose im lichtfrohen Glücksgrab.

Zeit als Geilheitskanzlei der geburtslosen Dichtungsverleumder.

Zeit als Mischvariable für sonnenmäßiges Mondpurzeln.

Zeit als lyrischer Praxisnachweis zum Herunterrubbeln.

Zeit als konstantenvoller Krabbelnachweis für sterbliche Nichtclowns.

Zeit als ernstbringende Wirkung ihrer dinglichen Subwichtigkeit.

Zeit als Gratis-Kanonenfutter für russländische Kurzpanzervertreter.

Zeit als Katzenstrudel der richtigen Mausländer.

Zeit als mengenlose Stressanakonda.

Zeit als Wurzelkondor der bisexuellen Nestkastraktion.

Zeit als blutleerer Fruchtnebel.

Zeit als Kurzpudel zum Einschweißen von Erfahrungsmechanismen.

Zeit als Wanderführer ins jenseitige Geisteslazarett.

Zeit als Zuchtfutter für sadomasochistische Peitschenkarpfen.

Ich könnte hier noch viele weitere Aspekte der Zeit als Maß ihrer eigenen Dinglichkeit darbringen, glaube hiermit aber einem kurzen Einblick in die Flatterhaftigkeit der durchschnittlichen Vergänglichkeit Genüge getan zu haben. So schreite ich nun beiläufig weiter. Wenn auch die abendliche Lindenhaftigkeit meiner vorfensterlichen Sommerfreudigkeit schon wieder im Dunkel der Nacht zu versinken droht, so bedauere ich nicht, heute keinen Salamander gesehen zu haben.

Erst kürzlich nämlich, da habe ich im Wald zwei Salamander gesehen. Ich betrachtete sie beide sorgfältig und wußte nicht, wie ihnen dabei zu Gute war. Sie huschten durch das Gehölz und waren zeitmäßig total vorhanden. Salamander sein. Sie waren so klar und moosbesessen, dass sie ihre eigene Vergänglichkeit kaum zu fühlen schienen. Ich wünsche mir manchmal wirklich, für kurze Zeit jemand anderer sein zu dürfen, um die Welt auch aus der Sicht von anders verdichteten Lebewesen teilen zu können. Vielleicht kann man eines Tages in einen Unterhaltungspark gehen und dort, anstatt schon wieder mit der Hochschaubahn zu fahren, für kurze Zeit ein Salamander werden. Oder eine Fistelbiene. Oder ein Eichenhain. Das wäre abgesehen von der Erfahrung, die man dabei machen würde, sicherlich auch ein gutes Geschäft. „Werden sie Salamander - eine Minute nur fünfzehn Euro!" Leider ist das bis jetzt noch nicht möglich, und die begrenzte Zeitlichkeit unserer irdischen Aufenthaltung tickt wie eine Uhr dahin. Eine der wenigen Möglichkeiten, sich wie ein Stück Moos oder der Wurm dahinter zu fühlen, liegt daher zum Beispiel in der Meditation. Wenn der Geist dorthin zurückgeht, woher er gekommen ist, dann kann er sich auch als das fühlen, was er einmal war und immer ist. Einfach ist das aber nicht. Deshalb muss es einem wirklich wichtig genug sein, sonst wird man bestenfalls traurig darüber sein, dass man kein Käfer sein kann. Möglich wäre es bestimmt!

Durch das Fenster strömt nun wieder der abendliche Duft der Linden vor meinem Hause. Es zieht mich hinaus in die eigene Pflanzlichkeit. Diese Phase bekomme ich fast jeden Sommer. Je sommerlicher es wird, desto mehr erwärmt mich meine innere Sehnsucht der Verschmelzung mit der Umgebung. Manchmal stelle ich mir vor, wie ich unter einen Baum hineinkrieche und nicht wieder hervorkomme. Die Bäume lieben mich, und ich liebe sie. Da überkommt mich manchmal das Gefühl einer glückseligen Todessehnsucht natürlicher Baumwerdung. Ich rieche die Erde und halte mir die vermoderten Waldblätter unter die Nase. Ich möchte hineinrinnen in das All der Natur. Ich fühle mich als allmähliche Teilwerdung ihrer erdhaften Mutterhaftigkeit. Ein Mann mit einem schwarzen Hut sitzt unter einem abendlichen Baum. Wenn man zu diesem Mann hingeht und ihm in die Augen sieht, so erkennt man, dass er nicht mehr hier ist. Sein Körper ist zwar als das anwesend, was er zu sein scheint, doch sein Geist hat sich längst in die Äste des Baumes erhoben. Aus jedem einzelnen seiner Blätter scheint die Saat des Mondes. Der Geruch jeglicher „Menschlichkeit“ verliert sich im Geruch der allumfassenden Baumwerdung. Geduldig wartet der Baum auf seinen menschlichen Besuch. Nicht wird er bloß angesehen und bestaunt wie ein Kamasutraelefant auf Rohrstelzen. Nein, er fühlt, dass er nun einen Freund hat. Nun ist er bereit, sein Wissen mit dem mit sich selbst vereinigten Menschen zu teilen. Warum sollte man dann noch nach Ibiza fahren und dort mit einem Motorboot die schlafenden Fische aus ihren friedlichen Meereskojen verjagen? Die Bäume brauchen keinen Urlaub. Sie brauchen nicht irgendwo hinzureisen, damit sie verstehen, was irgendwo anders ist. Sie sind in ständiger Verbindung mit den Delphinen und den Buckelgiraffen von Orlando. Sie wissen, ohne zu wissen - und nur dies ist wahres Wissen. Wissen, das man auswendig lernen kann, taugt nichts. Zum Glück ist unser Gehirn gescheit genug und vergisst das meiste unnötige Zeugs von selbst wieder. Niemand braucht ihm zu sagen, was es für sich behalten soll. Es sortiert selbst alles aus. Auch wenn uns manchmal Dinge, die wir vergessen haben, wichtig erscheinen - der natürlichen Auslese des Gehirns entgeht keine grundlegende Erfahrung. Deshalb können wir die Menschen, die wir lieben, nicht vergessen. Manchmal möchte man das nämlich, weil man glaubt, in eine falsche Person verliebt zu sein. Man will nicht lieben, wen man liebt. Somit ist dann das Desaster programmiert. Wir rabauken gegen unser Gehirn und führen einen Atomkrieg gegen unsere Seele. Wie schön wäre es da, wenn unser Gehirn wirklich nur ein Computer wäre. Man müsste nur auf „löschen" drücken und schon wäre das Problem verschwunden. So einfach ist das nun aber nicht. Wie soll man etwas vergessen, das einen den ganzen Tag lang beschäftigt? „Vergessen" ist eine ganz große Kunst, die kaum jemand beherrscht. Ich weiß überhaupt nicht, ob es jemals einen Menschen auf der Welt gegeben hat, der wirklich „vergessen" konnte. Da ist es wirklich noch einfacher, wenn man sich mit etwas abfindet oder jemandem verzeiht. Vergessen kann man nur unwichtige, nebensächliche Dinge. Dinge aber, die einem einmal bis ins Innerste des Herzens vorgedrungen sind, können nicht vergessen werden. Sie werden uns lange begleiten. Irgendwann verschwinden sie vielleicht von selber, aber auch nicht, weil wir das wollen. Meistens ist es sogar so, dass sich die Dinge, die wir bewusst vergessen wollen, im Gehirn noch fester festsetzen als alles andere. Sie beschäftigen uns so sehr, dass wir vorher noch vergessen, wer wir sind und wie wir heißen. Wahrscheinlich ist genau das der Grund, warum viele Menschen völlig um die Ecke kurbeln. Irgendwann wird irgendetwas im Gehirn so derartig, dass die Situation eskaliert. Der Pudding rinnt über die Form und tropft über die Weltenvagina hinaus. Wenn die Menschen bewusst vergessen könnten, dann würde es bestimmt weniger Irrenhausinsassen geben. Warum, so frage ich jetzt, gibt es so wenig verrückte Salamander und irr gewordene Sumpfrobben? Das muss doch irgendwie mit dem Vergessen zu tun haben. Vielleicht sind diese Wesen von Haus aus so selbstvergessen, dass sie niemals an den Punkt kommen, wo es etwas zu vergessen gäbe. Wenn keiner da ist, dann kann auch keiner durchdrehen. Dann kann keiner verletzt sein, und keiner etwas falsch machen. Das, so glaube ich, macht die Selbstverständlichkeit der Salamander und der örtlichen Bäume des Waldes aus. Wer vergisst, dass er traurig ist, der ist nicht mehr traurig. Wer vergisst, dass er verlassen wurde, der fühlt sich nicht mehr verlassen. Wer vergisst, dass er krank ist, fühlt sich nicht mehr krank. Wer vergisst, dass er Hunger hat, der hat keinen Hunger mehr. Wer vergisst, dass er nicht fliegen kann, der kann plötzlich fliegen. So ist das Spiel unseres Geistes, der vieles ermöglicht und gleichzeitig auch mindestens genauso viel verhindern kann.

Vieles, das ich in meinem bisherigen Leben erlebt habe, habe ich bereits vergessen oder ist in den Lappen meines Gehirnes irgendwo hängen geblieben. Trotzdem ist alles, was ich bis jetzt getan und erlebt habe, ein Teil dessen, was ich momentan zu sein scheine. Ich könnte hier bestimmt noch vieles über mein vernudeltes Leben und die dazugehörigen Schmerzen und Freuden schreiben. In letzter Zeit allerdings habe ich nicht mehr das Gefühl, geistig sterben zu wollen. Mein fast eineinhalbjähriger geistiger Sterbeprozeß scheint mir nunmehr beendet zu sein.

DAS ERGEBNIS MEINES GEISTIGEN STERBEBUCHES IST SOMIT NICHTS ANDERES ALS DAS LEBEN SELBST.

Die Momentanheit meines Seins scheint sich zur Zeit so in die Umgebung zu fügen, dass ich beinahe das Gefühl habe, ein Salamander zu sein. Die letzten Jahre meines

Lebens gingen ohnehin in einer derartigen Geschwindigkeit von Statten, dass es mir manchmal beinahe das Gehirn zerfetzt hätte. Außerdem scheint mein Geist ein derartig hinterlistiges Lustgeschöpf zu sein, dass er es sogar geschafft hat, sein eigenes Sterbebuch zu schreiben, nur um damit selber am Leben zu bleiben. Wenn man seinen Geist töten möchte, dann ist das so ähnlich wie in einem Horrorfilm, wo jemand versucht, einer Schlange den Kopf abzuschlagen. Sobald er ihr aber den Kopf abschlägt, wachsen bereits wieder zwei neue nach. Irgendwann bekämpft man dann nur noch einen Kopfstrudel aus Schlangen.

Alles was wir tun, egal ob Gut oder Böse, ist Teil einer einzigen großen Plemplem-Veranstaltung. Niemand kann hinter das wahre Geheimnis der Veranstaltung blicken, weil es dazu keine Back-Stage-Karten gibt. Wir werden auf Erden niemals mit Sicherheit erfahren, was das Geheimnis hinter dem Geheimnis ist. Wir können uns hineinmeditieren in die höchsten Nichtwelten des Kosmos und das Gehirn so lange im Kopf verdrehen, bis uns die Augen dabei stecken bleiben. Wir können asketisch werden und all das, was uns umgibt, verneinen und verleugnen. Wir können aus eigener Existenz-Nichthinterfragung heraus einen fremden Glauben annehmen oder uns mit Händen und Füßen gegen die Welt und ihre Soheit wehren. Letztlich aber werden wir ihr nicht entkommen. Jeden Kampf, den wir führen, führen wir in weiterer Folge immer auch gegen uns selber. Wenn man das sein kann, was man ist, dann ist das Leben plötzlich auch nicht mehr anstrengend. Dann gibt es nichts mehr zu suchen - und nichts mehr zu finden. Dann gibt es nur noch Sein. Anstrengend ist es nur für diejenigen, die etwas sein wollen oder müssen, was sie nicht sind. Leider ist das oft genau das, was die Gesellschaft von uns fordert. Da muss man dann eben stark genug sein und nur auf sich selber hören. Und genau dabei wünsche ich euch allen noch viel Leid und mindestens genauso viel Spaß. Meinen geistigen Segen dabei habt ihr!

Euer Alf POIER, Wien, im Sommer 2004

Danke für's Kritisieren:
Genro Laoshi, Karl, Astrid, Tomy, Tini, Stef, Parasolia, Tanja

Fotocredits:
Alf Poier Archiv, René Berto, event connection, Sabine Mayer, Parasolia

Veröffentlicht im
Verlag Genie & Wahnsinn, Wien
www.genieundwahnsinn.at
1. Auflage, Februar 2005

Korrektur: Peter Blau
Umschlaggestaltung, Innentypografie, Grafiken:
Gregor Hartmann
Satz: Lilli Hartmann
Coverfoto: Parasolia
Gesamtherstellung: Druckerei Hofer, Retz
ISBN 3-200-00286-7

Räumlichkeit für deine persönlichen Notizen